"文化广西"丛书编委会

总策划 范晓莉

主 任 利来友
副主任 张艺兵
成 员 黄轩庄　韦鸿学　石朝雄　刘迪才
　　　　 石立民　卢培钊　陈　明　黄　俭

文化广西

——史传——

广西地名文化

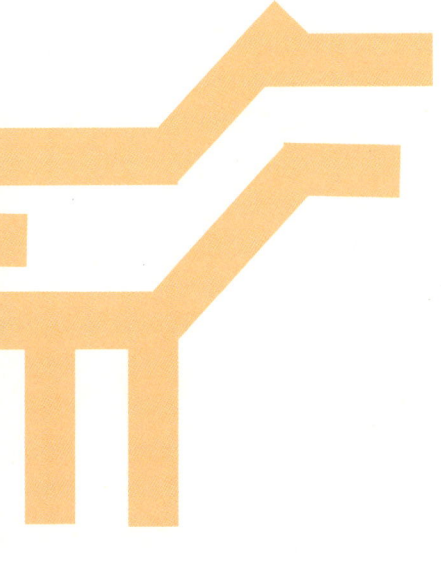

梁金荣　吴辉军　等　编著

广西人民出版社

图书在版编目（CIP）数据

广西地名文化/梁金荣等编著. —南宁：广西人民出版社，2021.6
（文化广西）
ISBN 978-7-219-11180-2

Ⅰ.①广… Ⅱ.①梁… Ⅲ.①地名—文化—广西 Ⅳ.① K926.7

中国版本图书馆 CIP 数据核字（2021）第 058559 号

出 版 人	韦鸿学	责任编辑	韦洁琳	何彩秋
出版统筹	郭玉婷	责任校对	周月华	覃丽婷
设计统筹	姚明聚	美术编辑	李彦嫒	
印制统筹	罗梦来	责任印制	张战鹰	
		书籍设计	姚明聚　徐俊霞　刘瑞锋	
			唐　峰　魏立轩	

出　　版	广西人民出版社
	广西南宁市桂春路6号　　邮政编码　530021
发行电话	0771-5523338　5507887
印　　装	广西民族印刷包装集团有限公司
开　　本	1230 mm × 880 mm　1/32
印　　张	6
字　　数	100 千字
版　　次	2021 年 6 月第 1 版　2021 年 6 月第 1 次印刷
书　　号	ISBN 978-7-219-11180-2
定　　价	28.00 元

如发现印装质量问题，影响阅读，请与出版社发行部门联系调换。

前 言

为了深入实施中华优秀传统文化传承发展工程,弘扬广西优秀传统文化,传承地方文脉,凝聚思想共识,增强文化自信,提升广西优秀传统文化影响力,庆祝中国共产党成立100周年,广西壮族自治区党委宣传部组织出版"文化广西"丛书。《广西地名文化》是"文化广西"丛书之一,由广西壮族自治区地方志编纂委员会办公室负责组织人员编写。

地名是人们赋予不同的方位、范围的个体地理实体的专有语言符号,是人类活动稳定的印记。一个地名代表一个地理实体,地载万物,穿越时空,包括历史的、当今的人物、事件等诸多信息。地名作为一种社会文化形态和文化载体,记录着人类社会发展的历程、民族的变迁与融合、人们生活环境的发展变化,是重要的民族文化遗产。同时,地名作为特定区域的外在标识,既潜藏着解读区域发展演进轨迹的内在密码,又蕴含着区域个性特征的象征符号和感召力量。编著《广西地名文化》的目的就是以广西地名考释为切入点,深入梳理广西地名的得名及演绎历程,帮助读者进一步深入认识广西区情及区域历史文化内涵,使广西各

族人民更加热爱家乡，积极建设新时代中国特色社会主义壮美广西，让区内外同志更好认识广西、支持广西。

广西历史源远流长。考古证明，早在80万年前，百色就有人类居住。从20世纪70年代开始，考古学家在百色盆地先后发现了百谷遗址、檀河遗址、杨屋遗址等古人类遗址群，特别是"百色手斧"的发现，推翻了长期以来把亚洲大陆视为"文化滞后的边缘地区"的"莫维斯理论"。广西作为革命老区、民族地区、边境地区、石山地区，区位优势、生态优势明显，具有丰富多彩的地情资源，涌现出种类繁多、富有特色、生动有趣的地名。1982年，广西开展地名普查，全区共调查统计地名23万多条。从历史沿革来看，广西地名有的古今差不多，有的空间范围变大了，有的空间范围变小了，有的过去有，现在却不存在了。从民族分布融合来看，广西有壮、汉、瑶、苗、侗、仫佬、毛南、回、京、彝、水、仡佬等12个世居民族，其中，壮族是全国各少数民族中人口最多的民族，也是广西少数民族中人口最多的民族。在八桂大地上，广西少数民族语地名有7万多条，主要是壮语地名。这是壮族自古以来栖息于斯、战天斗地、改造大自然、创造文明于斯的印记。从古代交通特点来看，驿道是古代用于朝廷与地方沟通的，由官方修筑、维护、管理的交通要道，一般十里设一铺，三十里设一驿。驿道沿线许多地方的地名带有"铺"字或"驿"字，如脚山铺、光华铺。从经济发展格局来看，"圩""市"分别表示商贸规模的大小。从地名的含义来看，蕴含美好寓意的地名有很多，如南宁蕴含着"南疆安宁"的美好寓意，来宾是

"远人来宾",兴安是"兴旺安宁",隆安是"隆昌安宁",等等。从广西乡镇村落来看,有风景如诗如画的中国特色景观旅游名镇——兴坪镇,有民俗文化非常丰富的中国历史文化名镇——黄姚古镇,有培养秀才而闻名的中国历史文化名村——秀水村,等等。

本书分六章,从广西历史沿革、民族分布融合、古代交通、历史印记、经济发展、乡愁乡情等方面介绍广西一些地名的来历和演变。资料主要来源:《中国地名词典》《中国地名语源词典》《广西地名词典》《广西历史地理通考》《广西建置沿革考录》《广西政区集成》《广西通志》《广西市县概况》,以及广西相关市县的地名志等志书。

目 录

物换星移几度秋

"广西""八桂"的前世今生	2
祈望南疆安宁：南宁	7
辗转漂移的"桂林"	11
由村变市的"北海"	13
由郡变县的"苍梧""合浦"	16
"庆远""浔州""镇安""泗城""思恩"何处寻	18
从古鬱林到今玉林	25

青箬裹盐归峒客

西边"壮"来东边"汉"	30
八桂何处不有"那"	36
"百色"并非百样色	41
"六景"何曾见六景	45
"花山"其实为"岜莱"	48

目 录

溪行十里古关道
"光华铺"与"脚山铺"	56
灵渠与湘桂古道	58
十里一"塘":三塘、五塘	63
南天三关:友谊关、平而关、水口关	67
南北天险:昆仑关、严关	70
水陆险关:龙虎关、大藤峡	73

苍苍森八桂
远人来宾:来宾	80
兴旺安宁:兴安	84
钦顺服从:钦州	88
顺从向善:崇善	93
归附顺从:归顺州	97
上思怀柔:上思	101

"十府一州"：廉州	103
扼守郁江：横州	106
历史荣耀：思明州	110
千年印记：义宁	113

一江春水向东流

"两广"地名有渊源	118
自然、人文地理之广西地名	121
广西地名与图腾崇拜	123
漓江边上圩镇之最：大圩	125
广西水上之门户：戎圩	128
边关古城：龙州	131
三江总汇：梧州	134

日暮乡关何处是

人在画中游：兴坪镇	140
诗中的家园：黄姚镇	145
边陲古镇：那良镇	151
寿乡茶城：恭城镇	154
千年临贺之歌：贺街镇	158
四十八峒的明珠：中渡镇	163
红色故地：界首镇	166
画扇之乡：福利镇	169
"秀水"出秀才：秀水村	172
明清遗珠"小南宁"：扬美村	174
广西楹联第一村：大芦村	177

后记　　　　　　　　　　　　　　　　　　　179

二

物换星移几度秋

"广西""八桂"的前世今生

广西东接广东,南临北部湾,面向东南亚,背靠大西南,地理位置优越,是中国大西南进出口的重要通道。广西境内喀斯特地貌分布广泛,形成独特的自然景观。广西物产资源丰富,有甘蔗、橡胶、剑麻、烤烟、香蕉、八角等经济作物,有锡、锰、磷、黏土等矿产资源。广西内河航运便利,西江水系在广西境内的通航河段遍及大部分市县,并可上溯至云南、贵州二省。另外,广西还有南流江、钦江等50条通航的独流入海河流。

秦始皇三十三年(前214年),秦统一岭南,设桂林、南海、象三郡,现在的广西大部分地区属于桂林郡和象郡。秦末汉初,赵佗于西汉高祖三年(前204年)成立南越国,今广东、广西(简称"两广")同属南越国。汉武帝平定南越后,于西汉元鼎六年(前111年)将岭南重新划分为9个郡,包括南海、苍梧、郁林、合浦四郡和今属海南岛的珠崖、儋耳二郡,以及今属越南的交趾、九真、日南三郡。现在的广西分属郁林、苍梧、合浦三郡。西汉元封五年(前106年),全国分设13个刺史部,就近监察各郡县。岭南九郡属交趾刺史部[东汉建安八年(203年)后改为交州］，治所（政府驻地）先在嬴陵（今越南顺城），后来迁移到苍梧郡广信县（今梧州市）。东汉建安二十二年（217年），交州治所再从苍梧广信迁移到广东番禺。三国吴永安七年（264年），从交州划出南海、苍梧、郁林、高凉四郡和合浦北部，另外设立广州。交州（主体在今越南北部）和广州由此分治。唐贞观元年（627年）全国分十道，现在的广西大部分与广东同属岭南道，两广视为一体的格局自此没有改变。

唐咸通三年（862年），分岭南道为东、西两道。今广西部分地域属岭南西道，治所在邕州；今广东部分地域属岭南东道，治所在广州。两广由此分治，广西作为单独政区雏形初现。

宋代设广南路。北宋至道三年（997年）改设广南东路和广南西路，现在的广西大部分地区及雷州半岛、海南岛等地区为广南西路，简称"广西路"或"广西"，治所在桂州（后改名为静江府，今桂林），广西因此得名。首次在文献中使用"广西"这个称谓的是宋人周去非，其所编写的《岭外代答》记载："总广西二十五州，而边州十七。"元至正二十三年（1363年），置广西等处行中书省，是广西建省之始。明代设广西承宣布政使司，清代设广西省，行政区域曾略有调整，但广西的称谓一直延续下来。

广西又称"八桂"，"八桂"这个名称又是从何而来的呢？

据考证，"八桂"之称是从《山海经》中的"桂林八树，在番隅东"演变而来的。晋代郭璞注："八树而成林，言其大也。"这里的"八"，按郭璞的解释，指多而大的意思，"八"用于泛指，而非实数。

历代文人吟咏多有"八桂"一词。最早出现"八桂"一词的诗句,是东晋孙绰《游天台山赋》中的"八桂森挺以凌霜"。其后,南梁沈约《齐司空柳世隆形状》中有"临姑苏而想八桂,登衡山而望九嶷"之句,南北朝庾信的诗中亦有"南中有八桂,繁华无四时"之句,等等。这些诗句中的"八桂"是否指现今广西,有待进一步考证。有专家认为,最早以"八桂"称广西的是南朝陈徐陵,其所撰写的《广州刺史欧阳危页德政碑》载有"八桂之土,蛮夷不实,九疑之阳,兵凶岁积"等内容。亦有专家认为,最早以"八桂"来描写现在的广西地理环境、风物特征的应该是"唐宋八大家"之首的韩愈。他在唐长庆二年(822年)为出任桂管观察使的严谟送行

● 广西喀斯特地貌景观

物换星移几度秋

时作诗《送桂州严大夫》,诗云:"苍苍森八桂,兹地在湘南。"

唐代以后,"八桂"逐渐成为广西的专称。如宋代杨万里为送友人移调桂林主持军政而赋诗《送赣守张子智左史进直敷文阁移帅八桂》,另《赠刘景明来访》载:"来从八桂三湘外,忆折双松十载前。"《大明一统志》载:"八桂,广西桂林府郡名。"这是首次在官府编修的书籍中以"八桂"来诠释行政区划名。明代以后,"八桂"成为指代广西的别称。

祈望南疆安宁：南宁

南宁，广西壮族自治区首府，西南地区连接出海通道的综合交通枢纽，中国面向东盟开放合作的前沿城市、中国—东盟博览会永久举办地、国家"一带一路"有机衔接的重要门户城市。同时，南宁也是一座历史悠久的文化古城，一个多民族和睦相处的现代化城市。

南宁，简称"邕"，人们也称她为绿城、邕城。你知道南宁为什么被称为"邕"吗？除了南宁这个名字，你知道她还曾经叫作朗宁郡、邕州、诚州、邕宁路、南宁路吗？这些名称随着南宁这座城市的历史变迁而变化。

南宁在古代属于"百越之地"。越族分支繁多，史称"百越"，其中西瓯和骆越两个支系，就是南宁壮族的祖先。

秦始皇三十三年（前214年），秦始皇平定岭南，设置了桂林、南海、象三郡，广西当时大部分属于桂林郡、小部分属于象郡。秦代末期，中原大乱，岭南的赵佗代行南海郡尉，他起兵兼并了桂林郡和象郡，在岭南建立半独立性质的南越国，号称"南越武王"。

　　西汉王朝建立后，推行郡县制，也就是以郡管县的两级地方管理行政制度。西汉元鼎六年（前111年），汉武帝派伏波将军路博德率军平定赵兴的南越国后，在岭南先后设置南海、苍梧、郁林、合浦、交趾、九真、日南、儋耳、朱崖等9个郡。南宁属郁林郡领方县管辖范围。在往后几百年的时间里，随着各朝代政权的变更，南宁隶属的郡县也几经变更。唐武德四年（621年），宣化县置南晋州，州治位于今南宁市。唐贞观元年（627年），南

● 南宁航拍图

晋州改为邕州，此为南宁被称为"邕州"之始。

随着历史推移，"邕州"这个名称几经变更。唐天宝元年（742年），邕州改名为朗宁郡，唐乾元元年（758年）又复名为邕州。唐咸通三年（862年），岭南道分为东西两道，今广西属岭南西道，治所设在邕州。五代十国后期，后晋天福七年（942年）邕州改称为诚州，后周广顺元年（951年）又改回邕州。唐代时期，广东和广西分别被称为岭南东道和岭南西道。宋代，邕州隶

● 南宁邕州老街

属广南西路，管辖宣化、武缘等7个县，南宁仍旧为邕州和宣化县治所。元代，统治者为了维持封建统治秩序，祈望社会安宁，于至元十六年（1279年）将邕州改名为邕宁路。到了元泰定元年（1324年）因南疆兵乱，邕宁路改名为南宁路，祈望南方安宁之意。这是"南宁"这个名称第一次出现在历史上，从此一直沿用至今。

辗转漂移的"桂林"

桂林是世界著名的风景游览城市、中国历史文化名城,是广西东北部地区及湘桂交界地区的政治、经济、文化、科技中心。桂林山水甲天下,考诸典籍,"桂林"之名最早见于战国时期的《山海经》,其《海内南经》有"桂林八树,在番禺东"的记载。桂林以"江源多桂,不生杂木"而得名(《旧唐书·地理志》),但是历史上的"桂林"却辗转漂移。

● 桂林山水

历史上曾有2个桂林郡。秦始皇三十三年（前214年），秦王朝统一岭南，设立桂林、南海、象三郡。桂林郡因盛产玉桂而得名，这是"桂林"名称的最早起源，但郡治（政府驻地）不在今天的桂林市。第一个桂林郡郡治在布山县（今贵港市区，一说在今桂平市），管辖现在的贵港、玉林、梧州、桂林、南宁、百色、河池、柳州、来宾等地域。西汉元鼎六年（前111年）桂林郡改名为郁林郡。第二个桂林郡则是三国吴凤凰三年（274年）从郁林郡分出成立的，治所原在今柳州市，南宋时期迁往现在的武宣县武宣镇，后来又迁往现在的象州县运江镇一带。晋代时，管辖潭中、武丰、粟平、羊平、龙刚、夹阳、武城、军腾等8个县。南朝时期，管辖武熙、腾溪、潭平、龙冈、临浦、中留、武丰、程安、威定、潭中、安远、安化、龙定等13个县。现今的桂林，西汉元鼎六年（前111年），设为始安县，本属荆州零陵郡，南朝改为桂州，隋唐时属岭南桂州总管府。以"桂林"作为桂林市的政区名，始于明洪武五年（1372年），当时改静江路为桂林府。

历史上也曾有2个桂林县。一个是西汉元鼎六年（前111年）成立的桂林县，治所原在今金秀瑶族自治县大樟乡，隋代时迁往现在的象州县妙皇乡。汉代属郁林郡，三国吴凤凰三年（274年）属桂林郡，唐乾封元年（666年）并入武仙县（今武宣县）。另一个则是1913年成立的桂林县，治所在今桂林市。1940年桂林县改为临桂县，把城区八桂、白龙、培风、义南、东江、凤北6个镇及太沙、拓木、东附郭、西南附郭4个乡划出成立桂林市，治所在今桂林市，直属广西省政府。

由村变市的"北海"

北海原是一个小渔村,明代设立有古里寨,为屯戍之处,系廉州珠场八寨之一,辖地在今北海市区北部至南氵万东侧一带。明代以后,合浦港由于泥沙淤积等原因,已不适应远洋巨舶进出。之后因北海港港湾条件好,且集镇渐具雏形,故港口逐渐南移至此。清咸丰五年(1855年),珠场巡检司移到北海。清光绪二年(1876年),中英签订《烟台条约》,北海被辟为通商口岸。民国十五年至十八年(1926—1929),成立北海市政筹备处,由广东省直管,北海开始粗具现代城市的规模。1951年成立地级北海市,1955年为广东省辖市,1956年改为县级市。经20世纪50年代至60年代三次调整,1965年后北海市最终重归广西管辖。1983年10月北海市恢复为地级市。

"北海"地名由来,有两种说法。一是以冠头岭为坐标区分南北。明代中期,今北海港船舶舣集,南面的南氵万港多有商船停泊并不断北移,以冠头岭为间隔,以北的海湾当地称之为北湾,以南的澳湾则称之为南湾。今北海港有"北湾"之称,系与南氵万港相对而言。今南氵万旧称南湾,后因避免与涠洲岛的南湾重名,

故改今称。明代的"北湾",盖为北海"北"字的起源。二是源自清康熙元年(1662年)原古里寨设立北海镇标,北海镇标属军事建制。《清史稿·兵志六》记载:"北海镇标及城守营,康熙初年设。"自此,"北海"作为地名在史籍中开始明确出现。

● 北海侨港

物换星移几度秋

由郡变县的"苍梧""合浦"

苍梧位于梧州市北部,是中国名茶之乡、诗词名县。

苍梧历史悠久。秦末汉初,苍梧属南越国。西汉元鼎六年(前111年)设立苍梧郡,治所在现在的梧州市。苍梧郡下辖10个县,其中广信、荔浦、富川、临贺、封阳、猛陵6个县在今广西境内。三国时期,从苍梧郡划出临贺、富川、封阳3个县归临贺郡,荔浦县划归始安郡;苍梧郡管辖11个县,其中广信、建陵、猛陵、新宁4个县在今广西境内。晋代,苍梧郡管辖12个县,其中广信、建陵、武城、猛陵、宁新5个县在今广西境内。南朝时期,苍梧郡辖境缩小,仅有现在的梧州市区、苍梧县及蒙江下游地区。

隋开皇年间改广信县为苍梧县,治所在今梧州市,隋代始属静州,隋大业三年(607年)属苍梧郡。唐武德五年(622年)苍梧县属梧州,唐天宝元年(742年)属苍梧郡,唐乾元元年(758年)复属梧州。元至元十六年(1279年)苍梧县属梧州路。明洪武元年(1368年)苍梧县属梧州府。民国二年(1913年)苍梧县属郁林道,民国三年(1914年)属苍梧道,民国十九年

（1930年）属苍梧区，民国二十一年（1932年）属梧州区。1951年苍梧县与梧州分治，苍梧县治所迁往龙圩镇。由郡演化为县，苍梧的千年演进折射了其地位与作用的变化。

合浦位于广西南部北部湾畔的南流江入海口，是古代海上丝绸之路的始发港，也是中国南珠之乡。

西汉元鼎六年（前111年）设立合浦郡，为岭南九郡之一，治所一说始终在今浦北县泉水乡，另一说西汉时期在今广东省徐闻县，东汉时期迁往今浦北县泉水镇。起初，合浦郡管辖徐闻、高凉、合浦、临允、朱卢（都尉）5个县：徐闻县，辖及今广东省雷州、徐闻、遂溪等地；高凉县，辖及今广东省阳江、阳春、电白、化州、吴川等地；临允县，辖及今广东省新兴、开平等地；朱卢（都尉）县在今海南省琼山区境内；合浦县在今广西境内，县辖境相当今广西横州、容县、兴业、博白、北流、陆川、钦州、灵山、浦北、合浦、北海及广东廉江等地。大体看来，现今雷州半岛、海南及桂东南大部分县区均为合浦郡辖区。三国吴后合浦郡所辖范围逐渐缩小。唐武德五年（622年）改合浦郡为越州，海康、隋康、铁杷、扇沙、北流、封山、大都等7个县相继被划出；唐贞观八年（634年）改越州为廉州，管辖合浦、封山、蔡龙、大廉4个县。北宋开宝五年（972年），封山、蔡龙、大廉3个县并入合浦县；北宋咸平元年（998年）设廉州合浦郡，管辖合浦、石康2个县。元代改廉州为廉州路，明代改廉州路为廉州府，辖合浦、石康2个县。清代设廉州府，辖合浦、灵山2个县。由郡到县，合浦地位变化的原因，值得深入探究。

"庆远""浔州""镇安""泗城""思恩"何处寻

"庆远"之名,始源于北宋宣和元年(1119年)改宜州为庆远军,南宋咸淳元年(1265年)升庆远军为庆远府。元至元十六年(1279年)改庆远府为庆远路。明洪武元年(1368年)复改庆远路为庆远府,明洪武二年(1369年)改为庆远南丹军民安抚司,明洪武三年(1370年)又复改为庆远府,治所在今河池市宜州区庆远镇。庆远成立之初管辖宜山、天河、忻城、思恩、河池5个县。明弘治十七年(1504年)河池县升格为河池州。清光绪三十一年(1905年)从思恩县分出并成立安化厅。清代末期,庆远管辖宜山、天河、思恩3个县,河池、东兰2个州,安化厅,南丹、那地、凤山3个土州,忻城土县,永定、永顺正长官司,永顺副长官司。1913年撤销庆远府,设立宜山县。

"浔州"之名始源于唐贞观七年(633年)成立浔州,唐贞观十二年(638年)撤销,唐长寿元年(692年)恢复,唐天宝元年(742年)改为浔州郡,唐乾元元年(758年)改回浔州。浔州治所在今桂平市西山大窝坪,北宋嘉祐年间迁往今桂平市桂平镇。浔州起初管辖桂平、陵江、大宾、皇化4个县,北宋政和元年(1111年)平南县并入。元至元十六年(1279年)改浔州为浔州路，治所不变。明洪武元年（1368年）改浔州路为浔州府，治所不变。明代初开始属广西行中书省，明洪武九年（1376年）属广西承宣布政使司，清顺治初年属广西省。明洪武初年贺州并入浔州府；明洪武二年（1369年）横州并入浔州府，贵州降为贵县（今贵港市）并入浔州府；明洪武十年（1377年）横州降为横县，改属南宁府，贺州降为贺县，后改属平乐府。清代初期浔州府辖桂平、平南、贵县3个县，清雍正八年（1730年）武宣县并入。民国二年（1913年）撤销浔州府，复置桂平县。1994年，桂平撤县设市。1995年，桂平市由贵港市代管。

● 桂平市城区

"镇安"之名始来源于北宋皇祐元年(1049年)设立镇安峒,治所在今那坡县城厢镇。北宋政和五年(1115年),改设右江镇安军民宣抚司,治所不变。元代右江镇安军民宣抚司改为镇安路,治所不变。明洪武二年(1369年)镇安路改为镇安府,治所在今德保县,管辖区域相当于今德保、靖西、那坡等地。明永乐五年(1407年),镇安府改为镇安州,治所不变。清顺治初年镇安州改名为镇安土府,治所不变。清雍正七年(1729年),镇安土府升格为镇安府,清乾隆三年(1738年)撤镇安府,设立天保县,府治所在地为今德保县,辖境相当于今那坡、德保、靖西等地和田

● 靖西龙潭

东、天等、田阳3个县（区）部分地区。民国二年（1913年）撤销"镇安"，"镇安"之名不存。

泗城州是宋代至清代初期的行政区，治所原在今凌云县泗城镇，明洪武六年（1373年）迁往泗城镇古勘洞。泗城州于宋代属邕州；元代属田州路；明洪武七年（1374年）直隶广西行中书省，明洪武九年（1376年）直隶广西承宣布政使司。清顺治初年改置泗城土府，治所不变。清顺治十五年（1658年）泗城土府改为泗城府，治所不变。清代始泗城府属右江道，清乾隆九年（1744年）改属左江道。清乾隆五年（1740年）泗城府的府治所在地成立凌云县，清乾隆七年（1742年）西隆州及所属西林县并入。民国元年（1912年）撤销凌云县，民国二年（1913年）撤销泗城府，复设凌云县。

"思恩"之名始源于唐代成立思恩州，治所在今平果市旧城镇。思恩州于唐代和宋代属邕州，元代属田州路，明洪武二年（1369年）属田州府，后属云南布政使司广西府，明永乐二年（1404年）直隶广西承宣布政使司。明正统四年（1439年）思恩州升为思恩府，治所不变。明正统六年（1441年）升为思恩军民府，治所不变。清顺治初年思恩军民府又改为思恩府，治所在今南宁市武鸣区府城镇，属右江道，管辖奉议、上映2个土州，武缘县，上林土县和古零、定罗、那马、下旺、兴隆、白山、安定、旧城、都阳9个土司及镇安土府。清代末期思恩府管辖那马厅，宾州，武缘、迁江、上林3个县，古零、定罗、兴隆、白山、安定、旧城、都阳7个土司。民国元年（1912年）思恩府改名为武鸣府。

●凌云浩坤湖美景

唐贞观十二年（638年）设立思恩县，治所在今环江毛南族自治县思恩镇，始属环州。思恩县于唐天宝元年（742年）属正平郡，唐乾元元年（758年）复属环州。北宋熙宁八年（1075年）属宜州，元至元十六年（1279年）属庆远路，明洪武元年（1368年）属庆远府，民国二年（1913年）属柳州道，民国十九年（1930年）属宜山区，民国二十一年（1932年）属柳州区，民国二十五年（1936年）属庆远区，1951年与宜北县合并置环江县（1986年，撤销环江县，设立环江毛南族自治县）。

● 环江毛南族自治县县城全景图

从古鬱林到今玉林

玉林原称鬱林。宋代以前的鬱林在今贵港市境内。鬱林的名称由来有两种说法：一种说法是来自东汉应劭的《地理风俗记》中有关记载："周礼，鬱人掌祼，器鬱芳草，今鬱金香为鬱人所贡，因以氏郡，此谓之氏郡，以地产鬱也。"另一种说法是来自北魏郦道元的《水经注》记载："鬱水又东径布山县（鬱林郡治，在今贵港市境内）北，又径中留县南，又东入阿林县，环汉郡县地，皆鬱水所经，故武帝取以氏郡。"

西汉元鼎六年（前111年）设立郁林郡，属岭南九郡之一，治所原在今贵港市贵城镇，隋代迁往今贵港市东津镇。西汉时期，郁林郡属交趾刺史部，东汉建安八年（203年）属交州刺史部，三国吴黄武五年（226年）属广州。郁林郡起初管辖布山、安广、阿林、广郁、中留、桂林、潭中、临尘、定周、增食、领方、雍鸡12个县，管辖范围包括今柳州、来宾、贵港、玉林、南宁、崇左、百色、河池一带。三国吴凤凰三年（274年）郁林郡析地设立桂林郡。郁林郡于晋代管辖布山、阿林、新邑、晋平、始建、郁平、领方、武熙、安广9个县，隋代辖郁林、郁平、领方、阿林、石南、桂平、马度、安成、宁浦、乐山、岭山、宣化12个县。唐代初期撤销郁林郡。

唐贞观年间设立郁林州。唐麟德二年（665年）郁林州管辖石南、兴德、郁平、兴业、潭栗5个县。唐天宝元年（742年）郁林州改为郁林郡，唐乾元元年（758年）又改为郁林州，治所原在今玉林市蒲塘镇、洛阳镇一带，五代迁往今贵港市东津镇，宋代初期迁往今玉林市兴业县，北宋至道二年（996年）迁往今

● 玉林市城区

玉林市玉州区。郁林州起初管辖石南、兴德2个县，后来郁平县并入；元代管辖南流、兴业、博白3个县；明洪武十年（1377年）北流、陆川并入。清雍正三年（1725年）郁林州升格为郁林直隶州，管辖博白、北流、陆川、兴业4个县，治所不变。民国元年（1912年）郁林直隶州改为郁林府，治所不变，民国二年（1913年）撤销郁林府。中华人民共和国成立后，根据群众习惯和汉字简化精神，1956年经国务院批准，郁林县正式改为"玉林县"。1958年，成立玉林专区，管辖玉林、容县、桂平、平南、陆川、北流、贵县、博白等县，专员公署驻玉林县。1971年玉林专区改为玉林地区，行政公署驻玉林县。1983年玉林县撤县设市。1988年撤销贵县，改设贵港市。1994年，北流、桂平两县撤县设市。1995年贵港市升地级市，管辖平南县、港北区、港南区、覃塘区，代管桂平市。1997年玉林市升地级市，撤销玉林地区，辖县划归玉林市，管辖玉州区、福绵区、兴业县、容县、陆川县、博白县，代管北流市。

青箬裹盐归峒客

西边"壮"来东边"汉"

沿着左右江、红水河，进入桂西、桂西北，一切景观都变得不太一样。虽然这里依然层峦叠嶂，山青水碧，但相比桂林山水，桂西北的山水少了一分秀丽，多了一分气势。这里有八桂山水气质的另一面。

随着山水色调的转换，地名开始变得复杂难懂，这让初来乍到的外省人产生了一种巨大的陌生感。左右江和红水河流域，大量的古越语（壮语的前身）流传至今，今天写在路边指示牌上的是壮语地名的音译汉字，万不可从字面意义来理解这些壮语地名。

壮族是古老的民族，秦汉及以前被称作"西瓯""骆越"等。从东汉到魏晋南北朝，被称为"乌浒""俚""僚""俚僚"，在汉文史书中译写为"撞""僮"等，最早见于宋代文献中。中华人民共和国成立后统一写为"僮族"。1965年10月12日，根据时任国务院总理周恩来的提议，并征得壮族人民的同意，由国务院正式批准，把"僮族"的"僮"字改为"强壮"的"壮"字。

壮族人用自己语言命名了众多地名，但一直鲜为人知。1982

年,广西开展地名普查,全区共调查统计地名23万多条,其中少数民族语地名7万多条,这些少数民族语地名主要是壮语地名。这是壮族人民自古以来栖息于斯,改造大自然、创造文明于斯的印记。

广西县级及以上行政区划以壮语命名的地名很少,壮语地名特色保存得较纯粹的是自然村(屯)地名。这是因为秦始皇于公元前214年统一岭南后在今广西境内置桂林、南海、象三郡,其后历代统治者先后不断增设郡、州、县,并以汉语命名之。而散落在崇山峻岭、田野角落的自然村屯,因为一般不受或较少受政区地名汉语规范化的影响,且作为小小的村屯,知名度小,散布于高山峻岭之间、边陲僻壤之处,所以壮语地名特色才得以纯粹保存,成为语言上的"活化石"。

广西地名分布有着鲜明的地域特色。壮语地名主要分布在壮族聚居的桂西及左右江、红水河一带。这是多民族杂居、民族融合的结果。秦始皇统一岭南后,中原汉族不断南迁,与当地越人往来密切,逐步融合。岁月漫长,世代沧桑,隋唐时代"俚人"聚居的始安、苍梧、合浦、宁越、郁林五郡和自西汉到五代称作阿林县的桂平,原是骆越人民聚居的中心,如今这些地区汉族居民已占大多数,地名称呼从以壮语命名为主变为以汉语命名为主。尽管如此,这些地方的地名仍遗留壮语地名的特点。桂平市虽现今壮族人口较少,但《浔州府志》有记载:"壮人之在桂平者,惟宣一二里,有十罗九古之名,皆壮村也。""十罗"为罗旺、罗欧、罗平、罗行、罗交、罗塘、罗活、罗山、罗宜、罗

桂西北红水河

壁;"九古"为古宜、古冬、古带、古程、古愣、古到、古林、古望、古重。如今汉族人民聚居的玉林、梧州,就有含典型壮语用字的地名:"六"或"绿"、"禄"字,玉林有六务、六陈、六闭、绿荫,梧州有六堡、六王、六陈;"那"字,玉林有那博、那莲、那历;"古"字,玉林有古楞、古算、古蒙、古全,梧州

● 巴马乡村风光

有古榄、古利、古仑、古龙。与广西毗邻的广东省，也有不少含"那""古""六""绿""禄""罗"等字的地名，如那州、那优、那落、古楼、古兜、古赖、六双、六岸、绿滚、绿岭、禄境、罗定等。

壮语地名经历了一个复杂的流变过程。随着城市化进程加快，会使用壮语的人越来越少，而壮语地名却作为语言的另一种形式流传下来。这种流传需要有一代接一代的人来记录整理，才能使其拥有永恒的意义。

八桂何处不有"那"

有这样一则笑话,几位外地游客在广西百色的乡村迷路了,接下来是"抓狂对话"。

"你在哪里?"

"我在'那边'。"

"那边是哪边?"

"就是'那边'啊!"

"那边",实际是当地的一个地名。不仅如此,就在离"那边"不远的地方,还有另一个地名——"那里"。这样特别的地名,让初来乍到的外地人,着实有些摸不着头脑。如果用心观察,你会惊奇地发现,在壮乡广西,带"那"字命名的乡镇村落比比皆是,大至县或乡镇,如那坡、那马、那桐;小至村屯、峎场,如那甲、那安、那庄、那齐、那峒;等等。

《广西壮语地名选集》(张声震主编,广西民族出版社1988年出版)收录了广西5500条壮语地名,其中含有"那"字的地名,就有749条,占比达13.6%。该书仅收录了8%的广西壮语地名,可想而知,还有多少以"那"字命名的村屯寨子,像星星一样散落在八桂大地的田野乡间,可谓是八桂何处不有"那"!

"那"是什么?为何如此普遍存在?这就要从壮语说起了。

"那"是壮语"naz"的音译。壮语"naz"意为"田"和"峒",最初指水稻田,后来泛指田地或土地。

"那"与壮族先民的稻作文化息息相关。早在新石器时代,生活在珠江流域的壮族先民就将野生稻培育成了栽培稻。稻作民族需要良田美地,在壮族先民的心目中,土地是最宝贵的财

● 南宁那考河湿地公园

富,是一切供给的来源,它像母亲孕育儿女一般孕育了整个民族。千百年来,壮族据"那"而作,依"那"而居,以"那"为本,同时也把这种对土地的深情依恋投射在地名上,最明显的表现便是把"田"放在地名里。

那翁("翁"为壮语音译。跟在"那"字后的字为壮语音译,下同),即烂泥田;那江,中间的田;那波,泉边的田或山岭间的田;那雷,土岭的田;那达,河边的田;那六,水车灌溉的田;那楼,我们的田;那班、那曼、那板,村寨田;那马,养马的田;那昌,工匠的田;那笔,养鸭的田;那怀,养水牛的田;等等。

伟大的壮族先民头顶烈日,披荆斩棘,驱走洪水猛兽,筚路蓝缕,终于开垦得良田美地。如同一朝孕妇临盆,孩子呱呱坠地,父母在欢欣庆祝的同时,要给襁褓中的婴儿取一个响亮的名字,于是他们给脚下的土地取了带有"那"字的名字并世代相传。他们约定俗成,无论何时何处,为地方、村寨命名都遵循这一法则,依据同一模式,带着"那"字命名。

时至今日,在珠江流域,东起广东省中部,北至云南中部、贵州南部,南至海南省,仍处处分布着带"那"字命名的地名,其中以广西的左右江、红水河、邕江流域最为密集。在越南北部、老挝、泰国、缅甸和印度的阿萨姆邦等东南亚地区,也广泛分布着带"那"字命名的地名。

在广西,最大的"那"(田)是那坡县,这是广西在县级及以上行政区域名称中,唯一含有"那"字的地名。

青箬裹盐归峒客

● 那坡壮族

那坡县地处桂西南边陲、云贵高原余脉六韶山南缘，东南与靖西市相连，西北与云南省富宁县毗邻，南和西南与越南接壤，拥有200余公里长的边境线，是广西陆地边境线最长的县份。

那坡县历史悠久，古为百越地，秦属象郡，宋代以前均无建置，宋代始有建置，称镇安峒。后几经变革，在清光绪年间改称镇边县。中华人民共和国成立后，1953年4月23日，经政务院批准，镇边县更名为睦边县。1958年，在广西南宁召开的会议上，毛泽东主席对睦边县那坡合作社粮食生产的成绩表扬道："还是那坡好。"为纪念这一特殊的历史时刻，1965年，睦边县正式更名为那坡县。

"那"不仅体现在地名上，还形成了"那"文化。在广西各地，弘扬"那"文化的活动异彩纷呈。如每年农历四月初八日的农具节，壮族同胞纷纷暂停生产，身着民族服装，举行祭祀、游街活动，用歌舞表达对土地、耕牛的敬仰、感恩之情，颂扬辛勤劳作的精神，祈求风调雨顺、五谷丰登。位于右江畔的南宁市隆安县，每年还会举办"那"文化旅游节。该县"那桐农具节""红良壮族打铁技艺""稻神祭""壮族九莲灯""壮族亥日"5个项目已经被列入自治区级非物质文化遗产保护名录。

"百色"并非百样色

百色是广西的一个地级市,位于广西西部,右江上游,地处北纬22°51′~25°06′、东经104°26′~107°52′。东与广西首府南宁相连,西与云南文山州相接,南与越南接壤,北与贵州兴义市毗邻,是滇、黔、桂三地区的中心城市,是中国大西南通往太平洋地区出海通道的"黄金走廊"。

说到"百色",有人也许会从字面上理解其含义为"百样色",即色彩缤纷的意思。百色作为广西红色旅游城市,确实多姿多彩,但是其名称来自壮语。

关于"百色"名称的由来有两种说法。一是"百色"由古代兵防之地"博涩寨"演变而来,"博涩"系壮语"Baksaeg"之音译,意为山川塞口、地形复杂的地方。这里是连接云南和广东的交通要道,是中国的一扇"南大门",一开始读作"博涩"(bó sè),后来慢慢演变成了"百色"(bǎi sè)这一读法。民国学者徐松石所著《粤江流域人民史》载:"百,口也;色,塞也。地在山脉塞口之内也。"有关文献记载,博涩寨巡司于明永乐年间设置,设有弓兵捍御,其故址在"县(今南宁市武鸣区)东六十

里,今马头圩文村,后不知何时移驻土田州西境,仍曰博涩寨巡司,即今百色厅也,百色盖即博涩之谓"。二是壮语"洗衣服的地方"的音译。"百"字在壮语中的含义是"嘴巴""入口",引申为"处所"。"色"在壮语中有"洗,搓洗"之意。百色市濒临右江,据考原是一拍洗衣物的口岸,其位于澄碧河与右江(鹅江)汇合的三角地带,过去人们常在河边洗涤衣物。百色别名鹅城,因城后有探鹅岭(另一说因城形如鹅),故名。

考古证明,早在80万年前,百色就有人类居住。从20世纪70年代开始,考古学家在百色盆地先后发现了百谷遗址、檀河遗址、杨屋遗址等古人类遗址群,特别是"百色手斧"的发现在国际学术界引起轩然大波,国际权威刊物《科学》(*Science*)曾将"百色手斧"照片刊登在其封面。"百色手斧"的发现推翻了长期以来把亚洲大陆视为"文化滞后的边缘地区"的"莫维斯理论"。

百色市境先秦时期属百越之地,其世居民族当时被称为"骆越",是百越族的一支。百色市境于秦代时分属象郡、桂林郡和黔中郡。汉代时分属郁林郡、牂牁郡。魏晋南北朝时分属郁林郡、益州郡、兴古郡、牂牁郡和西平郡。隋代分属郁林郡、南宁州(治今云南曲靖)。唐代分属邕州、田州、南宁州、黔州及安南都护府。宋代大部分属广南西路邕州的羁縻州。元代属广西行中书省来安路、镇安路、田州路。明代大部分属于广西布政使司田州、镇安府、泗城思恩府。清雍正七年(1729年),分田州土州地设置百色厅,驻地博涩寨。清雍正八年(1730年)建百色城,至今已有291年的历史。清光绪元年(1875年),田州改土归流,升百色厅为百色直隶厅,辖及今田阳、田东、平果等地。民国元年(1912年)百色直隶厅改称百色府,次年废府设县。

百色在中国近现代史上有着浓墨重彩的一笔。第二次鸦片战争的导火索——西林教案(又称"马神甫事件")就在这里发生。民国十八年(1929年),邓小平和张云逸等人在这里组织领导了震惊全国的百色起义,创立了中国工农红军第七军。

1949年12月5日,百色县解放,仍称百色县,归百色地区领导。1983年10月,经国务院批准,百色县改为百色市(县级)。2002年6月2日,国务院批准同意撤销百色地区和县级百色市,设立地级百色市。截至2020年,百色市下辖2个市辖区(右江区、田阳区)、7个县(田东县、德保县、那坡县、凌云县、乐业

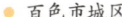
百色市城区

县、田林县、西林县）、1个自治县（隆林各族自治县），代管2个县级市（靖西市、平果市），市政府驻地在右江区。

百色市拥有百色起义纪念公园等红色旅游资源，天坑、峡谷、原始森林等绿色资源，壮、汉、瑶、苗、回、彝、仡佬等7个世居民族的多彩民族风情资源，等等。主要旅游景区（点）有百色起义纪念馆、红七军军部旧址、右江民族博物馆、澄碧湖、大王岭原始森林、乐业大石围天坑群、靖西通灵大峡谷和古龙山峡谷漂流景区、田阳敢壮山布洛陀文化旅游景区和布洛陀芒果风情园、凌云茶山金字塔等。

"六景"何曾见六景

六景是广西横州市的一个乡镇。"六"字不能望文生义看作数字,在壮语中,"六"字发音为"lueg",表示深幽山地、山野或山谷之意。

在广西,有很多带有"六"字命名的地名,这些地方大多是壮族村落。六洪,"洪"是壮语"hung"的近音,意思是大,因村处大山谷里,故名。六卜,"卜"是壮语"bug"的近音,意指柚子,因村处山谷地,种有许多柚子树,故名。六块,"块"是壮语"vaij"的谐音,指道路弯曲,因村处山谷里,道路弯弯曲曲,故名。六苜,意思是像竹筒的山沟。此外,还有六万、六社、六山……

广西还有一些含有数字命名的山名,如十万大山、九万大山、六万大山等,这些均与壮语有关。其中的十万、九万、六万都不具有数字的含义,十万大山意为顶天大山,九万大山意为水牛头山,六万大山意为甜水谷大山,它们都来自壮语。

除了数字"六"之外,那些发音接近"lueg"的,如"绿""罗""渌"等字,含义也与壮语"lueg"接近,表示山谷的意思。在古代,壮语还没有形成文字,壮族人民多是用发音接近

的汉字来记录壮语。

六景镇位于横州市西北部、南宁市东部,距首府南宁市仅48公里。1958年设六景乡,同年改为公社,1984年改为六景镇。2005年良圻镇撤销,并入六景镇,调整后六景镇管辖布文、竹标、石洲等27个村和六景、良圻2个社区,总面积375平方公里。

今日的六景不再是壮语中地处偏僻的深山野谷了。它是横州市新兴的工业基地,同时也是广西小城镇建设的重点镇、自治区小康示范镇、全国重点镇、全国综合实力千强镇。

● 横州市六景大桥

风景这边独好的六景,不但有世界著名的地质奇观"六景泥盆系标准剖面",还有风景秀丽的霞义山,登山可以远眺六景镇全景。六景还是滑翔运动爱好者的训练基地。霞义山上的风电厂有一排排的大风车,蔚为壮观,成为摄影爱好者常到之地。黄昏时分,登山远眺,落日余晖下,邕江如长龙一般蜿蜒而过,六景大桥和郁江特大桥横跨江面,两桥并立,一大一小,犹如双子星座,相得益彰。

今日的六景,正迈着坚定的步伐,朝气蓬勃地走向未来。

● 霞义山风光

"花山"其实为"岜莱"

"在壮族的母语里/我们叫你岜莱/跟花草无关/其实叫花山也很美/仿佛满山的野花/香到天外/……/岜莱花山/花山岜莱/木棉花开着风吹着百鸟在飞/时光其实不是水/是你额上深深的凝眉。"

这是壮族诗人石才夫热情讴歌花山的一首小诗,诗中提到的花山,就是举世闻名又神秘莫测的左江花山岩画所在地。

"花山"来源于壮语"岜莱"。"岜"字在壮语中的原意为石山,而"莱"字在壮语中的原意为麻(脸)、花纹,"岜莱"意为"画花了的山"。在左江花山岩画附近,连绵几十公里,村庄的名字中最常见的字是"岜",如"岜耀""岜栾""岜连""岜荷"等。

有意思的是,《广西日报》的副刊叫《花山》,《广西民族报》的副刊叫《岜莱》。《广西民族报》副刊曾发表过一首散文诗《岜莱·花山颂》,这首散文诗开篇就说:"这是什么地方,壮人叫岜莱,汉人叫花山。"《广西民族报》还曾专门开设《岜莱诗会》专栏,举办采风、诗会等系列活动。可见左江花山岩画已经成为广西重要的文化符号。

左江花山岩画主要分布在广西崇左市境内左江及其支流明江两岸200多公里的悬崖绝壁上。其中，以宁明县耀达花山和龙州县棉江花山的岩画规模最大、图像最多、场面最为壮观。左江花山岩画共有89个岩画点，189处300组5258个图像，是亚洲东南部区域内规模最大、图像数量最多、分布最密集的涂绘类赭红色岩画群。

左江花山岩画风格古朴，画法统一采用单一色块平涂法，只有外部轮廓，没有细部描绘。岩画画面一律为赭红色的人像或物像。岩画的图像元素有3类，分别是人物、动物和器物。以人像最多。同样是人像，大小差异也悬殊，最大的人像高达3米，小的不到30厘米高。人像轮廓有正身、有侧身。正身人像双臂向两侧曲肘上举，双腿弯曲半蹲，形如青蛙；侧身人像双臂上举，屈膝半蹲，作跳跃状。动物图像有鸟、兽等，最主要是狗。器物图像主要有刀、剑、铜鼓、铜羊角钮钟等。在众多图像中，最具代表性的组合是：一个高大魁梧、身佩刀剑的正身人像居中，脚下有狗，身旁有铜鼓，四周环绕着许多动作高度一致的侧身人像，似乎是在向正身人像拜祭。有专家推测，中间这个正身人像应该是部落首领，周围的侧身人像则是围绕首领欢呼的人群，画面表现的可能是一场庄严又欢快的祭祀活动。画面距江面的高度也不一样，距江面最高的约120米，最低的12米。这些赭红色岩画群与其所在山崖、所临河流、对面台地及其景观格局共同建构出了神秘而震撼的骆越文化景观。

左江花山岩画是壮族先民骆越人在左江流域的大江转弯处或

● 左江花山岩画文化景观

陆地的陡峭崖壁上绘制的岩画艺术杰作，记录了2000多年前的祭祀活动场景，反映了骆越人的精神世界和社会发展面貌。骆越先民以特有的民族智慧和创造才能，因地制宜、就地取材，创造出了异彩纷呈、风格独特、富有特色的以"岜莱"为代表的图形文化，丰富了中华民族璀璨多姿的纹样文化宝库。这些图形作品手法写实、笔法刚劲、风格粗犷，体现了骆越先民杰出的艺术创造才能。专家推测左江花山岩画绘画年代为战国至东汉时期。

左江花山岩画于1988年被国务院核定公布为国家级重点文物保护单位。2016年，经世界遗产委员会审议通过，被列入《世界遗产名录》，填补了中国岩画类世界遗产的空白。

左江花山岩画如此雄奇和神秘，不断吸引着众多的国内外学者和游客前来考察研究和探奇览胜。

● 左江花山岩画局部图

青箬裹盐归峒客

溪行十里古关道

"光华铺"与"脚山铺"

红军长征途中,有一场关系其生死存亡的战役,那就是著名的湘江战役。湘江战役是红军长征中的壮烈一战,是决定中国革命生死存亡的重要事件。当时中央红军在湘江上游广西境内的兴安县、全州县、灌阳县,与国民党军苦战五昼夜,最终从全州、兴安之间强渡湘江,突破了国民党军的第四道封锁线,粉碎了蒋介石"围歼"中央红军于湘江以东的企图。但是,中央红军也为此付出了极为惨重的代价,部队指战员和中央机关人员由长征出发时的8万多人锐减至3万余人。战役中,为掩护中央纵队、军委纵队及后续军团渡过湘江,红一、红三军团奉命在桂北湘江两岸的新圩、脚山铺、光华铺等地,构筑工事,阻击国民党军,这就是湘江战役中著名的新圩阻击战、脚山铺阻击战和光华铺阻击战。

到过桂林市兴安县、全州县、灌阳县的人也许会听说脚山铺、光华铺,还有余粮铺、白沙铺这样的地名,为什么这些地名会带有"铺"字呢?是因为这里开有商铺吗?

这得从古代的官道说起。古时的官道,也称驿道,是古代用于朝廷与地方沟通的,由官方修筑、维护、管理的交通要道。驿道是维系国家运行的生命线,无论是朝廷政令下达,还是地方军情、灾情上报,乃至官员和军队的调遣,都得依靠这条陆路大动脉。

在古代,驿道一般十里设一铺,三十里设一驿,"铺"为"驿"的下一级。为管理好驿道,县衙设有驿丞专职管理驿道,每驿设一铺长,每铺设一铺司,每铺配驿卒3名。驿丞日常主要工作为传递公文邮件、接待过往官员、保障军队供给和管理段内驿道。如遇紧急公务,则由驿丞处理。如明清时期的灵川县衙,日常都备着快马,遇紧急文书需要传送,便由驿丞派出驿卒,连夜赶路加急传送。宋代的"铺"是当时地方上一种普遍的邮驿单位,一直到元代,规定驿站之间距离为"铺"。因此,驿道沿路的地名大多数带有"铺"或"驿"字。如从灵川县进入兴安县境内,沿途依次设有小溶江铺、鲇鱼卡腰铺、甘奢铺、龙门驿、县前铺、善政铺、下驿田、甘棠驿、禾嘉铺、乌金铺等,这些名称有些到现在已经不再使用,有些则继续保留,如发生过脚山铺阻击战和光华铺阻击战的全州县脚山铺和兴安县光华铺,这两个地方的名称还一直保存并使用到现在。

灵渠与湘桂古道

在广西桂林,有一条古代官道联通中原和岭南,始于湖南永州,经过广西全州、兴安、灵川,终于桂林,它有着千年历史,被称为"湘桂古道"。

这条湘桂古道兴于唐宋、盛于明清,鼎盛期达500多年,主要是石板路,有些地段是"钉子路"(即用小石头扎在泥地里铺成的路面)。这条古道是湘南进入岭南的一条陆路大通道。

湘桂古道不仅有着悠久的历史,还有着重要的作用和历史地位。说到它的作用和地位,就得从著名的古运河灵渠说起。

灵渠,古称秦凿渠、零渠、陡河、兴安运河、湘桂运河,是古代中国劳动人民创造的一项伟大工程。灵渠位于兴安县境内,于秦始皇三十三年(前214年)凿成通航。它沟通了湘江和漓江,打通了南北水上通道,为秦王朝统一岭南提供了重要的保证——大批粮草经水路运往岭南,秦军队有了充足的物资供应。灵渠通航的当年,秦兵从灵渠和谢沐关(宋代称莫邪关)等处南下攻克岭南后,随即设立桂林、南海、象三郡,将岭南正式纳入秦王朝的版图。

灵渠的通航，促进了湘桂的商品流通，然而随着灵渠商旅繁忙，湘米南运、粤盐北输等商品贸易的高度发展，狭窄的灵渠已无法满足贸易需求，南来商船堵至全州，北往商船堵至桂林。在这种水运不畅的情况下，官府一方面不断维修灵渠以疏通河道，另一方面则构筑从湘南通往桂北漓江的陆路通道，以解决灵渠水运交通的瓶颈。在这样的情况下，官府在湘桂走廊修通的陆路通道——湘桂古道应运而生。

● 湘桂古道红军路（兴安段）

兴安县灵渠

其实这一通道早在春秋时期（前770—前476）便已经修建了，被称为"楚粤通道"。秦始皇统一岭南后，在楚粤通道的基础上，将其建为驿道。当时从湖南方向运来的物资，走水路要一个月，而通过马帮或人力运输走这条陆路，仅需一周左右。这条湘桂古道既是南来北往的商道，又是南来北往的官道。中原来的商品经过这条湘桂古道到桂林集中后，走水路可从广州出海，走陆路可从合浦出海。

湘桂古道石板路上长满青苔，其历经千百年风雨侵蚀的斑驳痕迹依稀可见，悠长的林间山道见证了一个个朝代的沧桑巨变。记录着时代车轮滚动的喧嚣，镌刻着社会历史变革的印记，承载着千年文化的重要内涵。如今，虽然这条湘桂古道完成了它的历史使命，但是它依然带着历史的期盼，陪伴着身边一条条高速公路和一条条高铁线成长与飞跃！

十里一"塘":三塘、五塘

在广西南宁、百色、柳州、桂林等地,常会见到一些以"数字+塘"来命名的乡镇,比如南宁的三塘镇、五塘镇。那么,这些地方为什么会这样命名呢?

在古代,为了传递信息,朝廷在主要交通干道上每一段距离就会设置一个驿站,为传递军情和公文的工作人员途中休息住宿、更换马匹使用。到了宋代,朝廷将驿站的接待和邮递功能进行了具体的分化,专门负责接待执行公务人员的场所被称为"驿馆",而负责邮递功能的地方被称为"递铺"。"递铺"根据公文性质,按缓急程度分为步递、马递和急脚递,由专门的人员管理。到了清代,邮驿系统得到了进一步的发展和完善,作为军事建制设置最小单位的"塘"也新增为邮驿制度单位。当时清代的军事建制设置分"标""营""汛""塘"几个级别,"标"是最高级建制,依次向下级进行管理,"塘"是最基层的驻防单位,分为水陆驻防,每10里即5公里设一塘,与"递铺"设置相同。

清代,广西的驿站、递铺和军塘有机结合,相互配套,构成了缜密的邮传体系。受广西边疆民族地区的地理区位和人文环境

所影响,清代广西的邮传系统呈驿少铺多、大量军塘辅助设置的特点。其中,驿站主要设置在交通干线上,以水驿为主,主要为往来官员提供食宿;递铺设置于各交通干支线之上,10里设一铺,主要负责公文邮件的传递以及方便省、府、州之间的相互往来;军塘主要设置于交通线之外的山区小径和关防要隘,一方面弥补了递铺设置的不足,保障交通顺畅;另一方面也为保证邮传

● 南宁市兴宁区三塘镇

系统的安全发挥重要作用。

随着历史的变革和社会的发展,曾经遍布广西各地的邮驿站慢慢演变成乡村甚至乡镇,这也是今天所看到的许多村或镇以"数字+塘"命名的原因,尤其是在南宁、柳州、桂林、百色等地更为常见。比如南宁市兴宁区的三塘镇,是明清时期驻军警务设置的驿站,距兴宁区中心约30里即15公里,今被称为三塘;

南宁市兴宁区五塘镇距离兴宁区中心约 50 里即 25 公里，今被称为五塘；来宾市武宣县的二塘镇和桂林市平乐县的二塘镇，因距离所在县城约 20 里即 10 公里左右，今被称为二塘；百色田阳区的头塘镇因距离田阳区中心 10 里即 5 公里，今被称为头塘；临桂的四塘镇、六塘镇也因分别距离桂林市区 40 里即 20 公里、60 里即 30 公里，今分别被称为四塘、六塘。

● 南宁市五塘镇蔬菜生产基地

南天三关：友谊关、平而关、水口关

广西多为山地，地形复杂，地势起伏大，天然障碍、死角多，各县、乡靠近边境的山沟、隘路、渡口在历史上都设有关卡。这些山区的隘路、卡口，历来是重要的军事要地。

友谊关就是广西三大边关中最重要的一个关口，位于凭祥市南18公里处。友谊关楼两侧山峰屹立，中越铁路穿越峡谷从关东侧而过，通越公路穿关楼下门洞南去。友谊关是中越交通的咽喉要地、中国南疆险要的南大门，也是中国十大名关之一，有"中国南疆第一关"之称。

友谊关在汉代时初名雍鸡关，后改称大南关、界首关。明洪武元年（1368年）改为鸡陵关，明永乐五年（1407年）更名镇夷关，明宣德年间改名为镇南关。1953年镇南关改称睦南关。1965年援越抗美中，中国军队和援助物资经常由此进入越南境内。同年，睦南关改名友谊关，由时任国务院副总理兼外交部部长陈毅亲笔题写关名，象征中越两国人民"同志加兄弟"的革命情谊。

友谊关作为重要的边关要地发生过许多著名的历史事件。清

● 广西友谊关

光绪十一年（1885年），法国侵略军2000余人自越南谅山进犯镇南关，爱国将领冯子材率军民在关前隘英勇抗敌，大败法军，这就是著名的镇南关大捷。中法战争后，广西提督兼边防督办苏元春，以镇南关为前哨，大、小连城为中心，建筑了许多坚固的防御工事。1907年，孙中山领导的革命党人联络"会党"，发动了镇南关起义，占领了镇南关炮台，清军欲夺回，双方激战七昼夜。

友谊关与平而关、水口关合称"南天三关"，是广西边境3个重要的关口，也是从古至今重要的军事要地。

平而关位于凭祥市西北22公里处。由宁明经过凭祥就来到平而关公路。在平而关以南2.5公里处有个叫平古岭的地方，这里是平而关以南中越交界地域，是平而关的一个重要军事位置。1950年2月7日，解放军曾在这里歼灭逃入越南又回窜到广西的国民党军刘嘉树兵团，共6700余人。

水口关是广西另一个边境关隘，位于龙州县县城西北34公里处。由崇左至水口公路，出境后与越南公路连接。水口关南北两侧石山林立，海拔均在300米以上，巴望河是中越的界河，与越南的之平江在水口关汇合后为水口河。水口至龙州有长约30公里、宽2～5公里的山川河谷，地势平坦，这个谷地一直延伸至越南的复和，是个重要的军事要地。

南北天险：昆仑关、严关

广西地处中国西南部，与邻国接壤，特殊的地理位置决定了这里必须要设一些重要关隘。这些关隘主要分布在广西的南部和北部，南部的关隘主要是为了防守境外的敌人，北部的关隘在当时则是为了抵御中原进兵。

● 昆仑关

昆仑关位于南宁市宾阳县和邕宁区交界处,属于广西南部的关隘,是广西古代第二大著名关口。关道深长险要,东西两峰对峙,绵亘不绝,成为南宁北面的天然屏障,有"南方天险"之称。

著名的昆仑关战役就发生于此。抗日战争期间的 1939 年 11 月 15 日,日军在北海湾龙门港登陆,攻占钦州、防城后,于 11 月 24 日沿邕钦公路向北侵犯南宁。12 月 4 日日军进入昆仑关,桂南会战打响。第三十八集团军第五军奉命主攻昆仑关,12 月 18 日凌晨战斗开始打响。12 月 30 日第五军第三次攻克昆仑关,歼灭敌第二十一旅团 5000 余人,敌第二十一旅团班长以上的军士官死亡人数达 85% 以上,击毙敌少将旅团长中村正雄。

  严关位于兴安县以西约 17 公里处，属于广西北部的关隘，是广西最古老的关隘，也是中华名关之一。严关建于严关镇狮子山与凤凰山之间的峡谷中，是古代由中原进入广西的必经之地，被称为湘桂走廊的咽喉。严关的东面是狮子山，西面是凤凰山，两山对峙，中为通道，由巨石垒砌的石墙相连，长约 40 米，高约 5 米，关门居中。严关西北面不远处，有小严关，四面石山环抱，石城相连，东西两边设有关门，中间是坪坝，可用来屯兵坚守。小严关与严关互为犄角，地势尤为险要。

  由于严关地势险要，易守难攻，自古以来一直是兵家必争之地。元至元十三年（1276 年），元将阿里海牙率领大军攻打广西，南宋将领马塈率兵驻守严关顽强抵抗。清顺治五年（1648 年），朝廷率军攻打广西，瞿式耜、何腾蛟率领南明军与清兵激战于严关。清顺治九年（1652 年），大西农民军将领李定国率领部队在严关大败清军，攻入桂林。

  关于严关的修建时间，史上说法不一。其中一说为秦始皇南戍五岭时，另一说是西汉元鼎五年（前 112 年）汉武帝平南越国时。但是无论哪一说，严关确实已经有 2100 多年的历史了。现存的关垣是明崇祯十一年（1638 年）修筑的，以巨石砌成，全长 43.2 米，宽 8.23 米，高 5.3 米。关门居中，门宽 2.9 米，高 3.79 米。清咸丰元年（1851 年）重建，关门内外上额刻有"古严关"三个大字。关外崖壁上还遗存有不少宋、明、清时期的摩崖石刻。1963 年严关被列为自治区级文物保护单位。

水陆险关：龙虎关、大藤峡

在广西和湖南之间有一座山脉，叫作都庞岭，它形成一道天然屏障，将广西东北部与湖南隔开，只在广西恭城和湖南江永之间留下一个孔道——这便是闻名遐迩的龙虎关。龙虎关，得名于关南的龙头岭和关北的虎头岭，两岭南北对峙，形成龙争虎斗之势。

龙虎关位于恭城瑶族自治县东北35.5公里处的龙虎乡，是五岭之一都庞岭山脉中的一处关口，是镇守湘桂粤三省边界、攻退灵活的军事关隘，是湘桂的重要通道之一，也是历来兵家必争之地。由于龙虎关位于湖南江永与广西恭城交界之地，因而关南属于广西，关北属于湖南。发源于江永县境内的桃水河穿龙虎关西流，几经曲折回环，注入珠江。桃水河流经龙虎关的2000多米河道，水流湍急，礁石嶙峋，旋涡密布，加之两岸石峰突兀交错，真有"一夫当关，万夫莫开"之势。

龙虎关历史悠久，西汉时称谢沐关，宋时称荆峡镇，后又改称为镇峡关、桂门关、厉门。明洪武二十六年（1393年）设镇峡寨巡检司戍守该地，明崇祯末年改名龙虎关。民国二十年（1931年），

恭城县民团副司令吴锦源奉命驻防龙虎关,在距龙虎关东北1公里的狮子岭和塞水岭之岭顶,各建立碉堡一座,在两岭北面脚下峡口处,建立关门一座,并亲笔题名"桂门关"于门端,以此为湘桂边界。龙虎关前的一副对联"小梧州荆峡镇住,大门户龙虎关立",生动地道出了龙虎关作为桂北大门户的地位。

龙虎关关口两侧高山林立,形成峡谷,关上建起上尖下圆的石砌烽燧,如遇兵、匪袭击,则点燃烽火,狼烟冲天,远处可见,以作为警报,各地守军相互策应。西汉时龙虎关曾有驻兵设防。明代副总兵曹志建领兵3万人据守此关。清代初期,清军与大西农民军将领李定国的部队在这里发生战争。日本侵略军南移及国民党军败退均由此过境。

● 恭城龙虎关

溪行十里古关道

广西的关隘除了陆路关隘，还有水路关隘，如大藤峡。

大藤峡位于桂平城区西北约8公里处的黔江下游，是广西境内最大、最长的峡谷，上至横石矶（即红石滩），下至弩滩，全长40公里，是柳州至梧州的水路交通咽喉，峡中河道曲折，江流湍急，危岩奇突，滩险密布，暗礁四伏，地势极为险要。明代著名地理学家、旅行家徐霞客于明崇祯十年（1637年）放舟大藤峡，他在游记中写横石矶"有石自江右山麓横突江中，急流倒涌，遂极满颍洞之势"，"两岸山势高耸，独冠诸峰，时有山峰悬峙"，记述了大藤峡雄伟壮观的景象。大藤峡由于山高水急，古往今来，为兵家必争之地，著名的明代大藤峡农民起义就爆发在这里。

传说此地古时有大藤如斗，横跨江面，昼沉夜浮，供人攀附渡江，因而得名"大藤峡"。后曾改名为断藤峡、永通峡（在崖壁上刻有明代时的题字"敕赐永通峡"）。1974年春，毛泽东同志细询了大藤峡情况，并亲笔写下"大藤峡"三字。

由于大藤峡的独特地形优势，2014年经国务院批准建设大藤峡水利枢纽工程。工程坝址位于珠江流域黔江河段大藤峡峡谷出口（即广西桂平市南木镇弩滩村），距离桂平黔江大桥约6.6公里。大藤峡水利枢纽工程是珠江流域防洪控制性枢纽工程，是珠江—西江经济带和"西江亿吨黄金水道"基础设施建设的标志性工程，也是粤桂合作、桂澳合作的重大工程，被喻为珠江上的"三峡工程"。该工程建成后，西江船舶通航吨级规模将由当前300吨级提高至3000吨级，年均货运量由当前的1300万吨提高至5400万吨,成为西江亿吨黄金水道的关键节点。电站装机容量160万千瓦,年发电量61.3亿千瓦·时。水库渠化279公里航道,规划灌溉面积9.11万公顷,并改善农村147.6万人的生活用水条件。

● 大藤峡水利枢纽工程

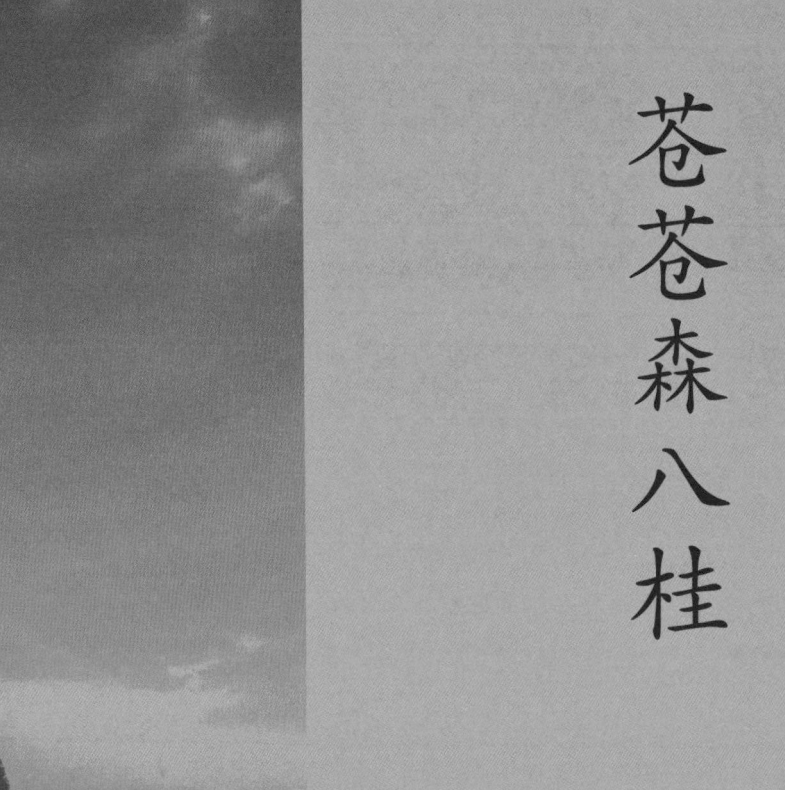

二

苍苍森八桂

远人来宾：来宾

自古以来中国人取名讲究读音朗朗上口、字形错落有致、寓意深远美好，因此地名的含义也是丰富多彩的。八桂大地上，蕴含着美好寓意的地名有很多。比如，南宁蕴含着"南疆安宁"的美好寓意，来宾是"远人来宾"，兴安是"兴旺安宁"，隆安是"隆昌安宁"，平南是"南方太平"，武鸣是"以武功鸣天下"，等等。"地名"仿佛一位仙风道骨的长者，娓娓道来你我不知道的故事。我们先听听来宾的故事。

来宾市位于广西壮族自治区中部，故有"桂中腹地"之称。来宾之名始于唐代，距今已有1000多年的历史。今天的来宾市成立于2002年，是广西最年轻的地级市之一。

来宾历史悠久，其境内的人类史可追溯至3万～2万年前。1956年11月14日，中国科学院古脊椎动物研究所野外调查队在今来宾市兴宾区桥巩镇合隆村麒麟山岩洞内发现人类头骨化石，证实约3万年前的旧石器时代就有"麒麟山人"（来宾人）繁衍生息于市境。

来宾的行政区划史始于秦王朝设置的中留县（县治在今武宣

● 来宾市城区

县三里镇勒马村），这意味着来宾市境在秦代就有了地方管理机构。值得一提的是，历史上的"桂林"与来宾也有千丝万缕的关系，汉代的桂林县设置在今象州县，晋、三国、南北朝时期的桂林郡，治所在今象州、武宣两县交界处。到了唐代，来宾之名才真正诞生。来宾之名诞生的时间有两种说法：一种说法是唐乾封元年（666年）始置来宾县；另一种说法是唐天宝二年（743年），唐代初期在今兴宾区境内置的文安县，相继改为乐沙县、怀义县后，又改为来宾县。唯一能肯定的是，来宾之名确实是唐代开始使用的，并且沿用到了今天。

关于"来宾"之名的由来也有两种说法。一是取"远人来宾"之义而名。来宾人热情好客，他们当中传颂着一句话，叫"来者上宾"，这也是他们的待客之道。二是与一条河有关。今来宾市兴宾区境内有一条清水河，发源于忻城县境内，经兴宾区的七洞、良塘，在磨东村旁边流入红水河。这条清水河，原名雷溪。在壮族聚居区，大多数地名是用壮语命名、汉字记音的，"雷溪"即为壮语"ndoirij"的汉字记音，在壮语中意为有溪水流过的土坡。因"雷"与"来"近音，故又称来宾水。来宾靠近来宾水，故得此名。

壮族宴宾节是来宾一个特殊的节日，充分展示了来宾人热情好客的性格。节日当天，来宾市兴宾区大里乡的壮族群众为了答谢各方亲友宾客对自己的关爱，备上好酒好菜，招待四面八方来的客人。即使你是"来历不明"的陌生人，也有可能被他们请到家里做客，在酒足饭饱后，主人家还会给你包上一包油炸的糯米馍或几个粽子,并嘱咐你说:"认得家了以后,可要常来啊!"

壮族宴宾节于每年的秋冬时节开始,没有固定的日期,每个村过这个节日的时间都不一样。每年一过节,家家户户都在比拼人气,谁家来的客人越多,谁家就越体面。因此,除亲朋好友外,路上遇到的陌生人也是他们款待的对象,甚至还有的人家在节日当天,专门到村边的路上去请过往行人来吃饭。为了过好这个节,主人家往往提前几个月做准备:种好糯谷,养好鸡鸭或猪羊。在穷苦时期,没钱买酒、买肉的人家还利用农活间隙外出打工挣钱,就是为了在壮族宴宾节这一天能把客人招待好。

壮族宴宾节上除了好酒好肉,还有好歌好戏。客人们吃饱喝足后,听着彩调剧,看着师公戏。主人家摆开歌台对歌,酣唱到天亮,好不惬意。天亮后,唱戏的收场了,对歌却还在继续,参与对唱的各方都是轮换着去吃早餐,不让对歌中断。早上八九点钟,又有不少客人陆续来到,新到的客人中,女的多是协同主人家一道下厨做饭,而男的则多是到村里的小学开展篮球比赛。新到的客人中也有为对歌而来的,客人的到来为歌者和听众都增添了不少新活力。吃过午饭后,客人陆续告辞,宾主依依惜别。一年一度的壮族宴宾节才真正落下帷幕。

2002年12月28日,经国务院批准,来宾市正式成立。今天的来宾还有"世界瑶都""中国观赏石之城"等美称。

兴旺安宁：兴安

说起兴安，人们便会联想到驰名中外的千古灵渠，这个被郭沫若誉为"与长城南北相呼应，同为世界之奇观"的伟大工程，见证了兴安2200余年的风风雨雨。

兴安县位于广西壮族自治区东北部，属桂林市。兴安于秦代归零陵县，汉代置始安县，唐代称临源县、全义县，宋代始称兴安县。北宋太平兴国二年（977年），因全义的"义"字犯了宋太宗赵匡义的名讳，他便下诏将全义县改为兴安县，取意为兴旺安宁，仍归桂州辖治。兴安之名，一直沿用至今。

地处湘桂走廊的兴安，自古便是南北交通的要道。开凿于2200多年前的灵渠，是兴安兴盛的起点。秦始皇二十九年（前218年），已过不惑之年的嬴政野心勃勃，大杀四方，灭六国之后继续南平百越，拉开了秦戍五岭的大幕。当时的50万秦军里面，20万是军人，30万是民夫。我们揣度嬴政的意思，是让他们打下岭南之后，就不要回中原了。结果秦军血战3年未克岭南，统帅屠睢亦战死。秦始皇三十三年（前214年），灵渠修通，粮草兵员从湘江直入漓江，秦军势如破竹，当年即攻克岭南，嬴政终

● 兴安灵渠

于把岭南纳入了自己的帝国版图。秦代至南北朝,兴安县境属于今天的湖南管辖范围,直到隋代,今兴安县境才归入广西。

灵渠开凿后,兴安成为桂北的区域性商贸中心。2200多年过去了,今天的灵渠依然还在灌溉着沿岸的万亩土地,滋养着兴安的兴盛与安宁。灵渠整体工程可概括为两个部分:一是枢纽工程,包括大、小天平和南北两陡;二是渠系工程,包括南渠、北渠以及附属建筑物。从高空俯瞰灵渠，"人"字形水坝是灵渠的大、小天平。它们将湘江水一分为二，两个天平并非对半五五分，而是三七分，70%的水经北渠流入湘江，30%的水经南渠流入漓江，即所谓的"湘七漓三"。古人的智慧还不仅于此。大、小天平被设计成溢流坝的形式，每当雨季到来，洪水溢坝而过，然后通过湘江故道和北渠的水一起汇入湘江。拦水、分流、泄洪，三种功能被灵渠完美地结合在一起。这种设计理念，直到今天依然令人叹服。2018年8月14日，在加拿大萨斯卡通召开的国际灌排委员会第69届国际执行理事会上，灵渠被列入世界灌溉工程遗产名录，成为广西首个"世界灌溉工程遗产"。

灵渠北岸，有一座叫马嘶桥的石桥，传说是为了纪念东汉伏波将军马援和他的千里驹而命名的。相传马援有一匹千里驹，这匹战马随他东征西讨，立下不少战功。马援常在人前称赞："宁折一虎将，莫失千里驹。"东汉建武十八年（42年），马援奉命到岭南戍守边陲，兵马驻扎在城台岭下。由于山路崎岖，河道淤塞，粮草接济不上。为了解决此事，一天早上，马援骑千里驹到各营巡查。千里驹走到双女溪的桥边却停了下来，无论如何不肯过桥，只是仰天嘶叫。马援无奈，只好牵马涉水而过。中午，马援巡查返回，千里驹又不肯过桥，还是仰天嘶叫。马援很生气，举鞭要打，忽听得桥那边有人大声喊道："将军别打，这是一匹好马呀！"

只见桥头走来一位老道士，笑眯眯地看着马援。马援自报家门后问道："道家，你如何得知它是好马？"

老道士得知他就是伏波将军，便恭敬地说："将军您可知马儿为何不肯过桥？自灵渠修通，朝廷年年从这里运走千匹帛，万担谷，只知取之于民，却不用之于民。将军您看这石桥年久失修，河道淤塞，随时都有桥塌人跌的危险，您高高地骑在马上，怎么会觉察出来，因此我才说将军的马是良驹，它知民情啊！"

马援跳下马来到桥边仔细检查，情况果然跟老道士说的一样，桥基倾斜，石板裂缝，桥面长满杂草，桥下河道被淤泥塞满。马援非常羞愧，回去后便命掌粮官拨粮修桥。掌粮官说军粮不济，要马援另想办法。马援冥思苦想，最后决定卖马修桥，于是便要马夫王二把千里驹牵到市场上卖。马援卖马修桥的行动深深地感动了那个老道士，老道士对王二说："这是将军的战马，不能卖，你背上钱袋跟我到街上走一圈。"说罢，老道士将千里驹牵着，往街上走去。

老道士在街上边走边喊："伏波将军卖马修桥，各位行行好，募捐几文钱。"街上的人很多，听老道士这么一喊，大家你几文我几文，纷纷把钱往王二钱袋里丢。不到几天，竟筹足了修桥的钱。

马援用这笔钱重修了石桥，还命兵将疏通了灵渠。人们为了纪念他和他的千里驹，便把这座桥叫马嘶桥。马嘶桥位于今兴安县城内，原为与灵渠水街南北路并行的两座桥，2004年改建，增加了一座横跨灵渠的连桥，形成了"三桥跨二水"的奇观。

宋代该地改名兴安后，迄今都称兴安县。除灵渠外，兴安还有以华南第一峰猫儿山、古严关、红军堂等为代表的自然景观和名胜古迹，被国内外游客称为湘桂走廊的一颗璀璨明珠。

钦顺服从：钦州

自秦代广西纳入中央王朝的版图以来，历代王朝对广西的治理都采取了特殊的少数民族边疆政策，表现为秦汉至唐宋的羁縻之治、元代以后的土司制度等。因此广西一部分地名反映出统治阶级强烈的皇权观念和封建思想，另一部分地名吸收了少数民族语言的成分，反映出当时封建统治阶级的民族政策具有一定的开明性。这些或消失或传承至今的地名，都成为经略印记，如钦州、崇善、归顺、上思、昭平等都属于这一类地名。

我们来说说钦州。钦州市位于广西壮族自治区南部沿海。钦州之名始于隋代。钦州市境在先秦为百越地，秦代统一岭南后属象郡管辖。汉代至晋代其都属合浦郡合浦县地，东汉时期合浦郡治从广东的徐闻迁到了今浦北县旧州村，与县同驻，首开今钦州属地地方最高行政建制之先河。隋开皇十八年（598年），改安州为钦州。唐武德五年（622年）设钦州总管府，元代改为钦州路，明初改为钦州府，属广东。民国年间改为钦县。经20世纪50年代至60年代的三次调整，1965年钦州最终重归广西管辖，此后相继析出北海市、合浦县、防城港市。1994年6月，设立地级钦州市。

隋代时为何改安州为钦州？这要从头说起。隋开皇九年（589年），隋平陈，但原来属于南朝陈统辖的岭南地区直到隋开皇十六年（596年）才逐渐被平定，隋文帝派遣原来的汴州刺史令狐熙担任桂州总管，统领17州军民政务。令狐熙对当地少数民族豪酋以礼相待、以德服人。当时的安州刺史宁猛力深受感动，于是前往桂州拜见令狐熙，倾心归顺。隋文帝授予宁猛力开府仪同三司、安州刺史、都督安州诸军事、宋寿县开国侯等官位和爵位。是年十月，宁猛力病故，其长子宁长真遵照父亲遗嘱，前往长安朝见隋文帝。

安州改名钦州就是宁长真时期的事情，原因有三：一是避免地名重复。当时南北朝遗留下来的安州地名全国有4个，北魏设立了安州（今河北省承德市北），东魏北齐沿用；北周设立安州（今湖北省安陆市）；南朝梁设立了2个安州，一个是今钦州，另一个是今安徽省定远县，南朝陈沿用。隋代大一统后，为了避免地名重复，需要改安州的名字。二是表达对朝廷敬顺之义。一方面，"钦"就是"安"，比如所谓神钦就是神安；另一方面，钦州得名取钦顺之义，钦顺就是敬顺，表示对朝廷的服从。三是以钦江为名。民国《钦州县志》记载："开皇十八年，改安州为钦州，取钦江为名。"

钦江贯穿钦州市境，是钦州人的"母亲河"，流经钦南区、钦北区、灵山县的19个镇。同时，它还承载了钦州几千年的人类文明史。根据考古发现，钦州制陶起源于新石器时代，距今已有几千年历史。到了夏、商、周时期，钦州制陶、用陶已很普遍。

● 钦州三娘湾

● 坭兴陶艺术品"高鼓花樽"

又历经秦、汉、三国、两晋、南北朝,至隋、唐,钦州的制陶、制瓷技术越发成熟,陶瓷做工更加精致。隋唐时期,钦州已有较大型的陶瓷作坊,国家级非物质文化遗产钦州坭兴陶烧制技艺正是从这个时期发展起来的。钦州坭兴陶多次参展参赛,并获得国家级、省(部)级大奖。2008年6月,国务院批准钦州坭兴陶烧制技艺为国家级非物质文化遗产。

今天的钦州,已发展成为广西北部湾经济区的海陆交通枢纽、西南地区便捷的出海通道,是中国—东盟自由贸易区的前沿城市。

顺从向善：崇善

历代封建王朝统治者都希望其统治下的子民能温顺服从。这种愿望直接反映在地名上，崇善便是其中之一。崇善是古地名，始于宋代。北宋皇祐五年（1053年），设置崇善县，治所在今崇左市江州区新和镇。1951年，崇善县与左县合并，取崇善县的"崇"字和左县的"左"字作为县名，称崇左县，也就是今崇左市的前身，用了800多年的崇善县名就此消失。

探寻崇善之名的由来，不得不说说改土归流这一历史政策。广西自古以来就是少数民族聚居地，今崇左市自唐宋以来，实行的都是土官制，这是当时统治者对边疆地区实施的一种权宜政策，唐代叫羁縻制度，就是承认当地首领的身份，并封以王侯，纳入中央朝廷管理。这一政策发展到后来，成了现在人们所熟知的土司制度，就是任命当地的头面人物为地方的行政长官，并封以世袭官名，实行一定程度的区域自治，从而达到维护封建王朝对边疆的统治目的。

唐代以前，中央王朝对崇善县这片区域的开发很少。唐代设置左江镇，分领思同、万形、万承、波州、上思城州、下思城州、崇善县地时属思城州地。北宋庆历七年（1047年），广源州首领侬智高流据安德州（今靖西市安德镇），建立"南天国"。北宋皇祐四年（1052年），侬智高发动了规模较大的反对宋王朝的战争，极大地撼动了北宋在岭南地区的统治。这严重触动了宋王朝的神经，于是宋仁宗派狄青去镇压。狄青平定岭南后，为了加强对这一片区域的管理统治，宋王朝把羁縻制度改为土官制度，不再是单一地分封当地首领，还分封一些土地给在狄青平乱大军中有功绩的将士，建立土州、土县，并允许他们世袭地方官职。这也是崇善县土官、土州的来历之一。

● 崇左市城区

历史车轮滚滚向前，土官制度的弊端逐渐暴露，当地的土官变成土皇帝，各自占山为王：你不服我，我不服你；你管不了我，我也管不了你。为了解决这个问题，后来的每个王朝都想着法子要回收这些地方的管理权，实行改土归流，即取消当地世袭的土官特权，实行中央集权的流官制，也就是由朝廷派官任职并管理地方。这种政策从明清时期到民国中期，一直都没有停止过，直到民国后期，土司制度才渐渐名存实亡。中央王朝对崇善县的改土归流始于明代，明宣德三年（1428年），崇善县土官赵暹谋逆，都督府奉命剿之，遂改流官制度。从此，崇善开始了正县设置，由土县变为正县。

因此，崇善之名的由来便有了因当地民风剽悍、统治者望其顺从向善而命名的说法。此外，崇善之名的由来还有另一种说法，即县境内有一座山叫作"崇官山"，又名"崇山"，统治者在取名时参考了这个山名。

明代以后，崇善的统治者不再单纯依靠武力和行政手段令民众屈服，而是开始大兴教育，在地方创办黉学和书院，用仁义礼智信之道使民众向善。其中黉学为官办，书院为民办。今崇左市高级中学校园内，有一处始建于明洪武三十年（1397年）的黉学遗址。黉学又称文庙、孔庙，是古代对学校的称呼。它服务于科举制度，为国家选拔官吏，因此准入门槛较高，需要通过入学考试。学生未入学前叫"童生"，考入黉学后称为"生员"，俗称"秀才"。明代的学校按照礼、乐、射、书、数设科分教，让生员文武兼习。到了清代，黉学要求生员学习《御纂经解》《性理》

《诗》，以及"二十二史""四子书""五经"等。明清时期，生员除学习以上内容外，还要学一门必修课程，那就是读写八股文，以应对科举考试。

书院是中国古代教育的重要组成部分，始创于唐代，初盛于宋代。直到明嘉靖年间，崇善一带才创办了书院，如肇化书院、静庵书院、壶山书院、顼山书院、左阳书院等。当时崇善县隶属太平府，整个太平府的书院都集中在崇善一带，这也印证了明代统治者对这个地方的重视。到了清代，书院逐渐转变为官办，清康乾盛世时迎来了它的创建高峰，今崇左市境内历史上三分之二的书院都是在当时创办的。如今，崇左市境内的书院遗址已不复存在，只能从书籍史料中探寻它们的踪迹。正如崇善之名，也留在了历史和人们的记忆里。

归附顺从：归顺州

"归顺"一词的解释是"归附顺从"。用"归顺"来命名一个地方,把统治者胜利的喜悦展现得淋漓尽致,同时,那些金戈铁马、刀光剑影的历史,也浓缩于"归顺"这两个字当中。

归顺之名始于唐代。《靖西县志》记载:"元和初,归淳州更名归顺州。"这短短的一句话,却是当地少数民族与封建王朝统治者抗争的历史结果。唐代统治者为了加强统治,把全国划分为十道。广西境属岭南西道,归淳州属邕州都督府。安史之乱后,中央王朝对岭南地区的征敛和地方官吏对人民的压榨日益加重,再加上统治者对少数民族长期实行歧视政策,激起了少数民族的强烈反抗,其中影响最深远的是西原少数民族大起义。这场起义虽然以失败告终,但却是唐代岭南地区规模最大、延续时间最长的人民反封建及反民族压迫的斗争,它前后历时100多年,参加人数达几十万之众,影响深远,震撼并削弱了唐王朝对广西的统治。

正是在西原少数民族大起义中,归顺州走上了政治舞台。有关归顺州的最早记载,是起义首领黄少卿被朝廷封为归顺州刺

史。唐贞元十年(794年),因不堪忍受唐王朝的剥削和压迫,黄少卿继承父辈黄乾曜的遗志,领导西原州黄峒(今扶绥、大新、靖西一带)的农民,举行了大规模的起义。起义军势如破竹,攻陷了岭南大部分区域,威震四方。唐元和元年(806年),起义军首领之一的黄承庆在邕州(今南宁)被俘。黄少卿假降,朝廷大喜,为了笼络人心,便封他为归顺州刺史。但不久黄少卿又率部举旗起义,与唐王朝展开新一轮斗争,攻克了宾(今宾阳县)、峦(今横州市峦城镇)2个州。唐元和十一年(816年),黄少卿又率部攻克钦、横2个州,席卷广西南部和广东西南部广大地区。唐长庆三年(823年),黄少卿起义军进攻邕州,直接威胁到唐王朝对广西的统治。这场起义最后被唐王朝派重兵镇压,黄少卿不知所终。起义被镇压后,唐代统治者担心起义军势力死灰复燃,便废了归顺州。归顺州于元至正二十三年(1363年)复置,明初再废,明弘治九年(1496年)又复置。

● 靖西旧州风光

归顺州骁勇善战的少数民族人民在明代曾为抵御外敌立下汗马功劳。在百色右江流域一带，瓦氏夫人抗击倭寇的故事广为流传。明嘉靖三十三年（1554年），56岁的瓦氏夫人率领广西俍兵奔赴江南抗击倭寇，多战告捷。瓦氏夫人在抗倭战场上屡建奇功，明嘉靖皇帝封她为"二品夫人"，并追赠为淑人。瓦氏夫人成为正史记载的唯一的抗倭女英雄，堪称"巾帼英雄第一人"。

清光绪十二年（1886年），归顺州升为归顺直隶州，隶属太平思顺道。民国元年（1912年），废归顺州，置归顺府。民国二年（1913年），改归顺府为靖西县，沿用了1000多年的归顺之名就此消失。因该地处广西西部边境，毗连越南，故得名"靖西"，取"西部安宁"之意。

上思怀柔：上思

上思县属防城港市，地处广西壮族自治区南部，十万大山北麓。值得一提的是，除了"十万大山"，广西境内还有"九万大山""六万大山"。

上思这块土地最早出现在中国的版图上，是唐贞观十二年（638年）在今上思县境西南部设置的瀼州。唐天宝初年，在今上思县城东北部设置羁縻上思州，此为上思得名之始。上思县名来源众说纷纭。一说是以山为名。上思城北有一座山，远远看去，像一头狮子盘踞在那里，古人称狮子为上等动物，认为狮子能给人带来好运，因此把这座山命名为狮山，也有人把它叫成思山，上思州就是以这座山来命名的。另一说是以水为名。上思位于瀼水上游，瀼水下游有思陵州、思明州，故而得名。

唐代至宋代，朝廷对上思一地实行羁縻之治。到了元代，朝廷实行土司制度，羁縻上思州由土官统治，隶属广西两江道宣慰司左江思明路。明代仍称为上思州。清代改为上思直隶厅。民国时期先后改称上思府、上思县。

上思人民在土官统治的几百年间，政治上受压迫，经济上受

剥削，被动卷入土官对中央统治的反抗斗争中，还因土官之间互相敌对、官族内部互相残杀而被波及。明代至清代，上思人民经历了改土归流与复土的斗争、州府无官长达17年导致的社会动乱、豪绅与富豪之争引发各乡之间相互仇杀等风波。民国时期，地方军阀混战、征粮拉夫，民众苦不堪言。抗日战争时期，日本侵略军先后8次入侵上思县城，烧杀掳掠，遍及城乡。

就是在这样内忧外患的岁月里，世代居住在上思的各族人民，在历次斗争中坚忍不拔、前仆后继、不怕牺牲，给后人留下了光荣的革命传统。明洪武二年（1369年），黄英杰率军1万余人起义，围攻郁林州；清咸丰三年（1853年），陆高鸿、罗国祥在平偕圩（今上思县叫安镇高福村）成立天地会，组织群众起义，斗争持续4年之久；清光绪二十七年（1901年），黄三组织三点会，创拜台，率7000人起义，斗争持续3年；民国十六年至二十年（1927—1931），以黄名山为首的第六区农民运动，开展反贪官、打土豪和抗捐税斗争，并一度攻陷上思县城。这一系列的斗争，尽管均以失败告终，但在一定程度上动摇了统治阶级在当地的统治地位。

在反帝反封建的斗争中，涌现出许多英雄豪杰。如抗法英雄、黑旗军首领刘永福，黑旗军重要将领、反帝英雄人物吴凤典，还有参与领导清光绪三十三年（1907年）镇南关起义和云南河口起义的辛亥革命元老关仁甫，等等。

上思之名已经沿用了1200多年，自民国二年（1913年）上思建县至今也有百余年，其深厚的历史积淀和文化底蕴，是留给后人的一笔宝贵财富。

"十府一州"：廉州

古时，"州"是历代王朝的一级行政单位，相当于现在的省级行政单位。今天，中国还有"州"的行政单位，即民族自治州，属地级行政区，由省、自治区管辖。而现在大多数地名中所使用的"州"仅是沿用古代行政区划名称，已不再具有原行政区划的意义。这些地名记录了它们过往的历史荣耀，如"十府一州"之一的廉州、古"桂国"国都之象州、历代湘桂枢纽之全州、扼守郁江水道之横州、左江花山岩画文化发源地之思明州等。

廉州府，为历史行政区划名，是明清时期广东"十府一州"之一。民国元年（1912年），廉州府被撤销。今天的廉州为镇名，是广西壮族自治区合浦县人民政府所在地。

历史上的廉州府前身为合浦郡。西汉元鼎六年（前111年），汉武帝平南越，划出南海、象郡交界地方置合浦郡，郡治徐闻（今广东雷州市地域），同时设合浦县（今广西浦北县旧州村）。此后，合浦郡多次改称、改隶，唐贞观八年（634年）改岭南道越州为廉州，治所在今合浦县，此为廉州得名之始。

廉州得名有二说。一说是因为费贻。费贻是四川南安人，是

有史记载以来有名有姓的第一位合浦太守。东汉建武十二年（36年）汉光武帝听说费贻既有才能又有气节，于是"遣使复征贤士费贻"，遂封费贻为合浦太守。费贻在任期间实施了一系列卓有成效的政策。他大力推行农耕，奖励农民开垦荒地，推广种植五谷杂粮和瓜果蔬菜。他还亲自教农民制造竹筒水车、修筑山塘，蓄水灌溉农田，将当时的水田由一造耕种改造为两造。同时，费贻还引进中原的种植桑、抽丝织布等技术。当地的农民深受其益，对费贻赞不绝口。费贻任期满离职时，老百姓攀车卧辙百里，把他送到今公馆镇境内一座大山下方肯洒泪惜别。后人为了纪念费贻，便将洒泪惜别之处的大山称为廉山，后世又将穿合浦而过的南流江称为廉江，城中的水井称为廉泉井。唐贞观八年（634年），唐太宗因廉山之名将越州（原合浦郡）改为廉州，以树清廉勤政之风气。

另一说是因为孟尝。东汉时期，合浦郡沿海盛产珍珠。合浦产的珍珠又圆又大，色泽鲜明，深受人们喜爱，人们称它为"合浦珠"。当地百姓以采珠为生，用珍珠与邻郡交趾换取粮食。采珠的收益很高，当地官员下令让珠民毫无节制地滥采珍珠，导致珠蚌越来越少。一些贪官污吏还巧立名目，剥削珠民。汉顺帝刘保继位后，派孟尝到合浦当太守。孟尝到任后，发现当地百姓生活困难。于是他下令革除弊端，废除盘剥的非法规定，对采珠业实行休养生息政策，不准滥捕乱采。不到一年时间，去珠复还，原来靠采珠为生的百姓又有了收入，合浦又成了盛产珍珠的地方。这就是举世闻名的"合浦珠还"的故事。后来，为了纪念太守孟

● 合浦南珠

尝勤政爱民、清正廉洁,唐代时该地改名为廉州。

两种说法尽管传主不同,但归根结底还是突出一个主题:倡廉肃贪。今天合浦县还有传世千秋、象征廉政官德的"五廉"(廉山、廉州、廉垌、廉泉、廉江)名胜古迹。

扼守郁江：横州

横州市位于广西东南部,享有"中国茉莉之乡"的美誉。横州市四周群山环抱,中部平缓开阔,形似一个盆地。郁江自西向东横贯横州市境,为这片群山环抱的冲积平原带来了文明与繁荣。

横州之名始于唐代。"横"字因山水得名。横州境内有一座山叫横山,这座山高大险峻。横州西南25公里处有一条江叫横槎江,而关于横槎江的由来,源于一个浮槎(木筏)传说。相传晋元帝时,一个名叫董京的文人在横州城西的登高岭上隐居,秋夜他泛舟江上,看见仙人乘浮槎而来,横槎于江浦。于是,后人将该江浦称为横槎浦,亦称横槎滩,并将此江改名横槎江。北宋绍圣四年(1097年),著名诗人秦观被贬至横州任编管。在横州期间,他住在浮槎馆,写下《浮槎馆书事》《月江楼》《醉乡春》等诗词。秦观在《浮槎馆书事》中写道"鱼稻有如淮右,溪山宛类江南",描述了横州的山水、气候、名胜等,高度赞美当时横州和江南一样是鱼米之乡。《醉乡春》中有"醉乡广大人间小"的千古绝句,至今脍炙人口,流露出他对当时现实不满而寄托于

"醉乡"的幻想。南宋绍定年间,横州太守张垓在登高岭上建仙槎亭,该亭如今成为横州八景之一。

唐代初期,包括今天横州市在内的岭南道地区,发生少数民族起义,为巩固地区统治,唐太宗派军镇压。郁江是岭南西部的交通动脉,横州地域控制着沿水路进入岭南西部的交通要冲。唐贞观八年(634年),唐太宗在镇压起义的同年,以郁江支流横槎江为名,设置横州。"横"字的本义,是关门时横在门内的木头,横州犹如一把巨型的锁,扼守于郁江水道,一个"横"字,从侧面反映出横州对稳定岭南西部的突出作用。

历史上横州的地理位置素为当政者所重视。宋代广南西路转运按察安抚使杜杞向朝廷奏疏称,横州是邕州、钦州、廉州三地的咽喉,地势险要,若在横州屯兵,就可以同时牵制广源州和交趾。清代横州知州谢钟龄也对它的地理位置作出评价,他认为,横州相当于南宁府的左膀右臂,因毗邻南宁府,与思恩府、浔州府、廉州府属地相接壤,确实是要害之地。

在历史的沉浮中,横州数次降州为县,又复县为州。唐天宝元年(742年),横州改为宁浦郡,唐乾元元年(758年)复为横州。元至元十六年(1279年)横州升为横州路,元贞初年复降为横州,属广西道。明洪武二年(1369年),撤宁浦县,并入横州,属浔州府。明洪武十年(1377年)横州降为横县,明洪武十三年(1380年)又升为横州,属南宁府。民国二年(1913年)横州改为横县。2021年2月3日,撤销横县,设立县级横州市。

● 横州市的花农在采摘茉莉花

历史荣耀：思明州

思明州是古地名，今广西壮族自治区宁明县前身。思明州始于唐代。清雍正末年，大兴文字狱的清王朝，避讳"反清复明"的含义，将"思明"二字改为"宁明"。民国元年（1912年）改宁明州为宁明县。

宁明历史悠久，早在秦代以前，壮族的先民骆越人就在这里拓边。秦始皇统一岭南后，宁明县地属象郡。唐先天二年（713年）始设羁縻思明州、思陵州。宋代设永平寨。元代设思明路。明清时期设思明府。思明路、思明州、思明府曾是左江诸州峒的首府。宁明为边陲重镇，中原王朝历次南征几乎都会驻军于此。连年征战，宁明数次升为州府，又降为小县。

思明之名来源于古老的当地壮语，"思"在壮语中是江的意思，思明也就等同于明江。明江发源于宁明以南的十万大山之中，是贯穿广西全境的河流——左江的重要支流，它是宁明最重要的地表水资源，也曾是宁明与外界连通的最关键的水路通道。直到今天，宁明人依然将明江视为自己的母亲河。

在明江下游的花山，有闻名中外的左江花山岩画，其规模之

● 左江花山岩画

大、艺术之精,为世界古壁画所罕见,国内外文化界、艺术界对此叹为观止。2008年北京奥运会开幕式上,一幅展现中华民族文明的巨幅卷轴徐徐展开,其中一个画面上一组大气磅礴、神秘莫测的人形图案就是来自左江花山崖壁上的岩画。左江花山岩画绵延200多公里,共有89个岩画点,5258个图像。其间的图像以蛙形人像为主，兼有动物、刀、剑、船等形象。左江花山大规模的岩画与其所在的山崖、所临的河流和对面的台地及其景观格局共同构成了神秘而震撼的骆越文化景观。左江花山岩画绘制年代可追溯到战国至东汉时期，距今已有2000多年历史，其地点分布之广、作画难度之大、画面之雄伟壮观，为国内外罕见，具有很强的艺术内涵和重要的考古科研价值。

左江花山岩画还有很多有趣的民间传说。其中有一个故事叫"卜伯战雷神"，讲述壮族英雄卜伯为了当地老百姓大战雷神，最后当地风调雨顺，百姓安居乐业。壮族人民为了欢庆卜伯与雷神之战的胜利，千山万峯敲响铜鼓，表示祝贺。卜伯骑着天狗和百姓一起庆祝。这些生动的画面，都被后人画在了花山崖壁上。

明江岸边的岩画历经千年风雨依然鲜活生动，见证了思明之名从有到无、宁明之名从无到有的历史变迁。地名的变迁史成了一段历史符号，就如左江花山岩画一样，等待后人去发现它荣耀的历史。

千年印记：义宁

几千年来，朝代更迭，全国各地行政建制在改朝换代中不断撤并，广西也不例外。有些地方，被撤并之后没有消失，只是降级了，行政范围缩小，但名字保留了下来；而有些地方，在撤并之后就消失了，它们的名字留在历史里，成为印记。比如，于北宋元祐三年（1088年）设立，于1952年被一分为三的永淳，名字已然消失了；设立于北宋天禧四年（1020年），撤并于1952年的迁江，如今只能以建制镇的形式存在；设立于唐长庆三年（823年），撤并于1951年，"从荔浦来，到荔浦去"的修仁县，变成了修仁镇。

今天我们要讲的是义宁。义宁之名始于五代时期的后晋天福八年（943年），撤并于1951年，存在时长共1008年。撤并后的义宁县，建制消失了，名字不复存在。

义宁从汉代至隋代都归始安郡管辖，唐代改属灵川，到五代时期才划出并设置义宁县。其因旧称义宁镇，故名义宁县。宋代初废义宁县，后又复置，属广南西路静江府。元代，义宁县属静江路。明代，义宁县属桂林府的永宁州。清代至民国，仍设义宁

县。中华人民共和国成立后，于1951年7月撤义宁县，其地分别划入临桂县（今临桂区）和灵川县。

义宁县设立于943年，此时，正处于中国历史上第二个纷乱的时期——五代时期。义宁县地域当时属十国中的楚国，史称"南楚"。南楚的始建者马殷是唐代的武安军节度使。马殷儿子众多，分封在南楚各地，其中分封在静江（今桂林市）的是静江节度使、同平章事马希杲。五代后晋天福八年（943年），马希杲析出灵川县归义乡，置义宁县，县治在今桂林市临桂区五通镇。义宁县境域包括今天灵川、龙胜和临桂一部分区域，辖地总面积5900多平方公里。初建的义宁县是个很大的县。

义宁县虽然设立于五代时期，但义宁古城池却始建于明代。关于古城池的描述，道光《义宁县志》记载了清代重建后的义宁古城池周长约500米，城墙高约3米，设有4个城门、1个水门。这种建设规模，在当时来说还是很宏伟壮观的，这也说明了统治者对义宁县的重视。

今天，义宁县虽然不存在了，却留下了许多千年印迹。桂林市临桂区现存一条3公里侯山背古道，是临桂区目前保存最好、路程最长的一条古道。侯山背古道是旧时义宁、龙胜、临桂、灵川进入桂林城的民间要道。根据侯山隘碑刻《碑序》记载，侯山背古道或筑于清嘉庆之前。但也有专家考证，侯山背古道形成的时间应在宋代。南宋乾道八年（1172年），范成大任静江府知府，兼广南西路经略安抚使。为方便少数民族与汉族进行茶叶、马匹、香料、木材、盐、大米等物产的交易，他在义宁（今桂林市临桂区五通镇)设立博易场。这条古道便成了桂林城至义宁博易场间的商贸要道,即桂林的"茶马商道"。由于这条古道也是侯山背一带百姓前往桂林的唯一交通要道,因此清嘉庆、道光、咸丰直至民国年间该古道都屡有修葺。这条历史久远的古道,见证了义宁县从诞生至消亡的历史。

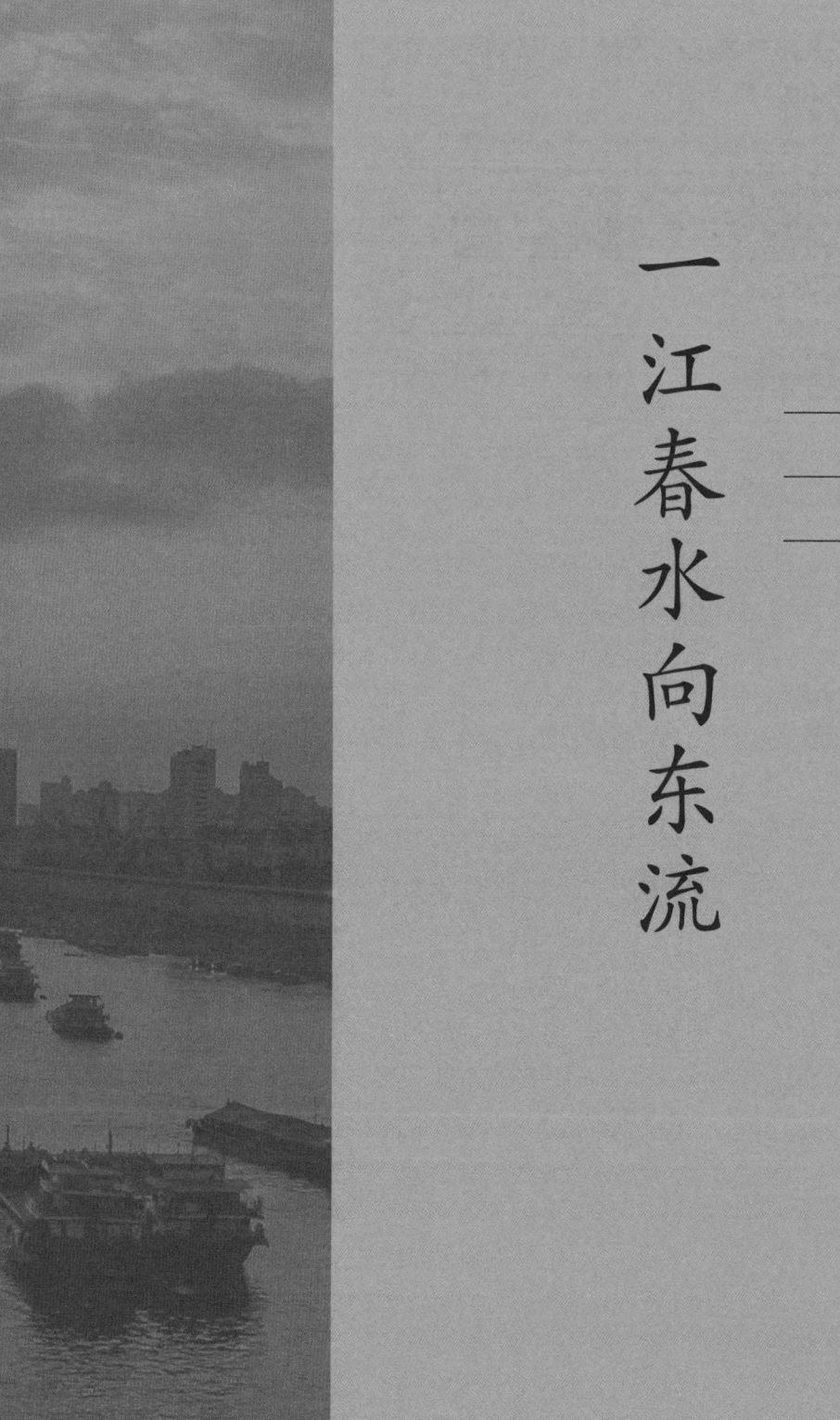

一江春水向东流

"两广"地名有渊源

在浩瀚的历史长河中,由古至今,广东和广西同属岭南地区,有"两粤""岭南""岭表""岭外""两广"等通称,其中"两粤""岭南""两广"等合称至今仍沿用。

古时,两广地区同为古代百越民族聚居地。先秦时期两广地区分属南越、西瓯、骆越等部族。秦始皇统一岭南后,设置桂林郡、南海郡和象郡,即"岭南三郡",这是两广地区首次被纳入中央王朝的版图,今两广地区大体分属当年的岭南三郡。

西汉前期,两广地区隶属于南越国。西汉中期至南朝梁前期,两广地区先后由交趾刺史部、交州和广州统摄。其中,广信(今梧州)和番禺(今广州)相继为交趾刺史部和交州的治所。

唐初,中央王朝在岭南西部少数民族聚居区正式设立羁縻州县,实施羁縻制度。中央王朝根据山川形势分全国为10道,其中岭南道"东南际海,西极群蛮,北据五岭",下辖广州、桂州、容州、邕州、安南5个都督府(史称"岭南五管")。今广东、广西的大部分隶属岭南道。由于岭南道所辖地域过广,中央王朝为提高对地方的控制能力,集中力量经略西部边疆民族地区,遂于唐咸通三年（862年），将岭南道划分为东、西道，即今广东部分地域为岭南东道、今广西部分地域为岭南西道。

北宋统一岭南之初，沿用唐代岭南道以及南汉原有的统治区域，设置岭南转运使，亦称广南路，作为统一的监察区（财政区），今广东、广西属之。此后，中央王朝进一步加大对南方边疆地区的经略。北宋至道三年（997年），分全国为15路，将广南路分为广南东路（简称"广东路"）和广南西路（简称"广西路"），是今广东和广西得名之始。今广东为广南东路，以广州为路治；今广西为广南西路（辖及今广西、雷州半岛和海南），其路治桂州在今桂林市。自此以后，岭南地区正式开始东、西分治，奠定了今广东、广西两个省一级行政区的基础。

明初，中央王朝调整了北部五岭山区和广西东南沿海地区的行政管辖关系，从而调整了广西与湖广、广东的关系。一是明洪武二年（1369年），为了统一东南海防，将原属广西的钦廉地区、雷州半岛和海南划归广东。二是明洪武二十七年（1394年），为统一桂北地区的事权，将位于桂北地区、一向为中原至岭南交通要道的湘桂走廊所经之地、原属湖广的全州及灌阳划归广西。此后，广东、广西的统辖范围基本未变。

明清两代，为统辖两广事权，设置两广总督。两广总督正式成为两广地方的最高军政长官，位在巡抚之上，综理广西、广东两省军民要政，衙署初驻梧州，再迁肇庆，后驻广州。

中华人民共和国成立后，1951年5月14日，经中央人民政府政务院批准，广东省钦廉专区（包括钦县、灵山、防城、合浦4

个县）和北海市，委托广西省代管；广西省平乐专区的怀集县委托广东省代管。次年，钦州专区（包括钦县、灵山、防城、合浦4个县）及北海市，正式划归广西省管辖；原属广西省之怀集县，正式划归广东省管辖。1955年，钦州专区及其所属的钦县、灵山、防城、合浦4个县和北海市划归广东省管辖，并更名为合浦专区。1965年，广东省的合浦、灵山、钦州、东兴等县（自治县）和北海市划归广西，广西又设置钦州专区。

自然、人文地理之广西地名

岭南背山面海,水路发达,古越人根据此地理特点,以"洞(峒、峝)、六(禄)、黎、罗、陇"等表示山谷山野,以"南(渆)、稔、濑、坛"等表示水,带有这些字的地名在广西最为集中,并主要反映了该地自然环境和地理特征方面的内容。

"洞"或近音的"峒""峝"在壮语中本指山谷、盆地或者为群山环绕的小河流域,后来演变为某个血缘氏族的居住地,意义有所扩大,是古越人居住地常见的地名,如南宁有玉洞、团峒,防城港有峒中、那峒、峒美,柳州有汪洞、杆洞、拱洞、独峒,等等。"六"字(不作数字义)开头的地名在广西分布非常多,如桂林有六合、六冲,梧州有六堡、六妙、六坊,北海有六甘,防城港有六市、六用,钦州有六加、六村、六湖,等等。在壮语中"冲"字与洞穴意义相类似,相关地名有来宾的小冲、镇冲,柳州的社冲、冲脉、冲恩,桂林的坪冲、长冲,梧州的蓬冲、枣冲、纯冲,等等。这些都是反映当地自然环境特征的地名。

壮语中与水相关的地名多含有"南(渆)、濑、坛、汪"等

字，其相关的地名在广西分布广泛，如靖西有南坡，崇左有濑淊，南宁有坛洛、坛黎、坛雷，上思有汪城，等等。

稻作文化是岭南百越文化的特征之一。在壮语中，含"那"字的地名表示水田或者田地，广西以"那"为首的地名有南宁的那洪、那楼、那马，防城港的那良、那梭、那峒，钦州的那丽、那思、那蒙，百色的那坡、那比、那劳，等等。

隋唐以前，属于部落社会的岭南古越人互不统属，以血缘氏族为单位分布于各村落，壮语中的"板、古、都、思"等字即表示村落。南宁的古辣、都结、思陇，柳州的板榄、古砦、三都，梧州的古龙、古城，百色的古障、百都、思林，河池的板岭、古河、都安，崇左的向都、都康，钦州的那思，贵港的思旺、思介等地名，都反映了这一类命名规律。

岭南多河流，古越人常以舟楫为交通工具，用"埠、步、埔、埗"表示津渡码头，与此相关的地名有南宁的石埠、柳州的洛埠、桂林的大埠、梧州的梨埠、钦州的沙埠、贵港的社步、百色的革步、贺州的八步、梧州的塘步等。

广西地名与图腾崇拜

  岭南古越人有图腾崇拜的民俗，常以鸟、鸡、狗、龙、牛、雷等自然生灵（及其衍生物）或自然现象为崇拜对象，并以之作为族群的保护神或者标志，形成了独具特色的文化氛围。

  渔猎时代，鸟类是古越人重要的食物来源和日常生产的助手，故有"天鸟助耕"等传说，也留下了与鸟类有关的地名。与此相关的有柳州的振鹤，梧州的飞鹤、白鹤、鹤洞，桂林的白鹤、鹤岗、鹤龙，贺州的鹤州，贵港的鹤林、山鹤、鹤山，等等。

  古越人盛行鸡卜，故岭南以"鸡"命名的地名很多，如南宁、梧州、柳州均有金鸡地名，南宁有鸡村、东鸡、塘鸡，柳州有鸡楼，梧州有鸡古塘，河池有鸡峒，桂林有鸡爪，贺州有鸡岭，等等。

  广西还有带"马"字命名的地名，南宁有那马、灵马、马山，柳州有天马、马堤、马岭，梧州有马路，北海有驿马，贵港有马练、马皮，玉林有马坡、白马，百色有平马、马头、马隘，贺州有马江、走马，河池有巴马、百马、安马，来宾有马泗、马坪，等等。由于"马"的壮语为"max"，其音与"狗"的壮语"ma"

相近,而狗亦是渔猎时代古越人崇拜的对象,如岭南有"视狗为珍犬"的风俗,故这些地名中的"马"字部分可能为壮语"狗"(ma)的音译。

古越人视"雷"为神灵,而"雷"与壮语"长"(raez)、"土地"(laeh)近音,故壮族先民居住地以"雷"字为名的地名也很多。南宁有雷屋、芳雷、雷响,柳州有上雷、雷村、雷塘,梧州有高雷,河池有雷打峒,桂林有雷公岩、金雷、渡雷,贵港有上雷、镇雷,北海有花雷、雷田,等等。

如今,若想深入探究广西各地具有特色的地名,就需对当地历史上的风俗习惯、民族语言、生存环境进一步了解。

漓江边上圩镇之最：大圩

> 啊哩哩啊哩哩，赶圩归来啊哩哩，
> 日落西山啊哩哩，散了圩（啰）啊哩哩，
> 欢欢喜喜啊哩哩，回家去（啰）啊哩哩，
> 啊哩哩啊哩哩，赶圩归来啊哩哩……
> ——广西民歌《赶圩归来啊哩哩》

南方人把赶集（去集市）叫作"赶圩""趁圩"。中国古代先民定时为市，人们交换完商品后各自散去，这种交换场所，中原称之为"集"，南方称之为"圩"。"圩"音同"虚"。明末屈大均《广东新语》对"虚"的解释是："粤谓野市曰虚。市之所在，有人则满，无人则虚，满时少，虚时多，故曰虚也……叶石洞云：昔者圣人日中为市，聚则盈，散则虚。今北名集，从聚也；南名虚，从散也。"后来，"虚"演化为"墟"，简化作"圩"。渐渐地，"圩"演变成了地名，于是，广西出现了很多与"圩"相关的地名。桂林灵川和贵港都有以"圩"为名的乡镇，如大圩。

灵川县大圩镇曾名"长安市""芦田市",是广西四大古镇之一。它位于湘桂走廊腹地,沿江而建,东有潮田新河,与福利的马河相接,西连相思河,可至永福,北面的漓江贯穿桂林、兴安、阳朔、平乐、梧州,通湖南、江西,是一个三面环水一面靠山的地方,"村前漓江环绕,如玉带青罗;村后奇峰雄起,似龙腾虎跃",是明代、清代、民国以来桂江流域水运的枢纽,也是漓江沿岸的第一座古镇,距今已有1000多年的历史。

据史载,自秦始皇开凿灵渠,连通漓江、湘江后,大圩随着漓江水运兴旺而逐渐发展繁荣起来。汉代,大圩一带已形成了稳定的居民定居点。北宋初年始建圩市,商业初兴,曾设税官,有固定的圩期,成为商业较为繁荣的集镇和水运枢纽。到了明清时期,该地已成南北商贾云集之地,为广西四大圩镇之最,故称为"大圩"。明初解缙有诗云:"大圩江上芦田寺,百尺深潭万竹围。柳店积薪晨爨后,壮人荷叶裹盐归。"这首诗真实地描绘了当年大圩商贸繁华的景象。

民国年间,大圩分八街,即老圩街、地灵街、隆安街、兴隆街、塘坊街、鼓楼街、福星街、泗瀛街。三日为一圩,每圩的货物装卸量在2000担以上。大圩商贸至民国中期达到鼎盛,抗战时期有"小桂林"之称。沿江设水陆码头13处,顺江排列,一般长10米,宽3～4米,青石砌成,石板铺路,伸入江底,靠岸的一端多连有一段平地,均与巷道相通。其功能各不相同:鼓楼码头多装卸白果、桐油、日用百货等大宗商品;大码头水面宽平,为竹筏停泊、起运处;塘坊码头为古代水驿塘坊,供官船停泊登岸用；等等。这些码头常泊商船两三百艘，有"逆水行舟上桂林，落帆顺流下广州"之说。大圩商铺林立，最繁荣的时期达300余家，赶圩人数高达万余人。根据资本额的大小，大圩商铺的商号分为"四大家""八中家""二十四小家"等众多商号，可见当时大圩的繁荣兴旺。民国后期，自湘桂铁路开通及桂黄、桂兴公路通车后，水运货源大减，大圩古镇开始衰落。

随着现代交通的发展，大圩古镇已经失去了它作为商业中心的地位，曾经的繁华和喧嚣已成过眼云烟。如今，漫步在大圩老街光滑明亮的青石板路上，那斑驳的泥墙上长满了苔藓，仿佛在诉说着老街千年的沧桑；经年的雨滴落在屋檐下的台阶上，钻出一个又一个石洞，记录了古镇昔日的繁华盛景。抬眼望去，街头巷尾此起彼伏的吆喝声，江上往来的游船响起的机器声，使大圩古街在现代与历史中交融，让人如在梦中。

广西水上之门户：戎圩

戎圩（今龙圩）位于苍梧县中部，浔、桂两江汇合地区，离桂江汇入西江的入口仅10余公里，毗连广东，环抱桂东中心城市梧州市，地理位置优越，"瑶连五岭，总纳三江"，素有"广西水上门户"之称。它是浔江下游南岸两广边界最大的集市，每周一、四、日为圩期。

戎圩，在汉代属广信县，隋开皇三年（583年）广信县更名为苍梧县。隋开皇十七年（597年），少数民族首领李世贤筑城屯兵反隋，隋文帝派宰相虞庆则率兵南征，屯兵于遂城县，李世贤后被虞庆则镇压而败亡，隋开皇十九年（599年）改遂城县为戎城县。北宋熙宁四年（1071年）戎城县改称戎圩镇，并归苍梧县管辖。元代、明代、清代、民国时期该地都沿用旧称戎圩。中华人民共和国成立后，1951年7月戎圩镇改称龙圩镇，1966年改称东升镇，1971年12月复称龙圩镇至今。

早在北宋熙宁四年（1071年），戎圩便开始建制设镇。明代以后，外来商人逐渐增多，纷纷在此地开办手工作坊。明代中叶，戎圩已经逐步发展成重要商埠，成为大西南的主要物资集散地之一，物资由此借道西江航道转运广州、香港。明万历年间，戎圩商业闹市店铺林立，江边舟楫往来，商船无数，广东人在此创办的船坞修造厂，成为当时广西最大的造船厂和船舶修理厂。

清康熙五十三年（1714年），广东商人在戎圩创建粤东会馆。粤东会馆建立后，更多的广东商人进驻此地经商，戎圩经济贸易更加繁荣。清康熙以后，戎圩商贸呈现鼎盛之势，因其位居桂东南三大名镇之首，遂有"一戎二乌（今平南县大安镇）三江口（今桂平市江口镇）"之说，戎圩成为广西最繁荣的商业市镇之一。清代的《重修戎圩粤东会馆碑记》记载："戎城……凡两粤所资，此为重地……虽通邑大都，广圩雄镇，未足比也。""交易戎圩占上游，各江土货尽通流；任教百货能消聚，买卖公平账易收。"

在清乾隆、嘉庆、道光年间，广西的土特产品多以戎圩为集散地，形成豆行、布尺、银号、皮货、杂货等16种行业，以居间贸易、代客买卖商品为主的平码行业（俗称经纪行）也在戎圩形成。清代，戎圩最大宗的生意是谷米交易。"粤之米，不给粤东之食，向取给于粤西。……东米不足，西米济之。"于是，许多商人纷纷来广西贩运谷米回广东，形成了"西米东流"的独特现象。戎圩毗连广东，又有西江优越的航运条件，是明清时期广西最重要的谷米集散地，故有"出不尽戎圩谷，斩不尽长洲竹"的谚语，"日斜谷埠才减价，小艇如梭密往还"更是再现了戎圩谷米市场生意兴隆的情景。

清咸丰四年（1854年），梧州三角嘴设立厘金厂，戎圩运往梧州的物资要多加一道税，加上戎圩附近河道日益涸浅，较大的船只来往不便，而梧州处于浔、桂、西三江汇合处，交通比戎圩方便。清光绪二十三年（1897年），梧州被辟为通商口岸，外商在梧州相继设立"渣甸""天和""人和""绍和"商行，棉纱、棉织品、火柴、低档火油等洋货大量涌入，广西的廉价矿产、土特产也从梧州运往国外，戎圩的商品经济市场向梧州转移。

清末，戎圩商业虽比之前衰落，但还是比较活跃。清光绪三十年（1904年）前后，戎圩最大宗的出口商品是谷米，广东罗定、都城、德庆、肇庆每日有大批商人来戎圩采购。谷米来源地主要是戎圩附近的3个镇(今大坡、广平、新地)，当时最大的谷米商行是联兴号。清末民国初期，全镇有120多家面条加工作坊，生产的面条销往省内外。镇上还有烧制陶瓷、制作香烛和加工竹器等的小手工业作坊。

中华人民共和国成立后，龙圩镇是苍梧县的主要工业基地。镇上有糖厂、钛制品厂、水泥厂、酿酒厂、陶瓷厂、农机修造厂、印刷厂、化工厂等颇具规模的企业。镇内有8条街道，经过整修扩宽，全部为水泥混凝土街道，其中新建街最长最宽，其北接峡顶街，西至县糖厂，南至南梧二级公路。

如今，戎圩虽已再无往日的喧嚣繁华，但徜徉在古朴老街的青石板路上，你依然能看到沿街的老商铺以及保存完好的粤东会馆，它们静静伫立在那里，就像是时代的符号。粤东会馆的石碑仿佛是一位守着时光隧道的老人，在向世人诉说着戎圩古往今来的故事。时光荏苒，千秋万代，岁月在更迭，万物在更新，从不停歇，这座曾经"万家烟火"的古镇虽然风华已不再，但是拭去历史厚重的尘埃，古镇亦可再展新颜。

边关古城：龙州

龙州古为百越地，秦代时属象郡，汉代时属南越国。唐先天二年（713年），置羁縻龙州（州署在今龙州县逐卜乡谷阳村旧州屯），属广州郁林郡。

相传，此地的上龙乡水陇屯后山脚有泉名"龙泉"，是为"龙州"得名之始。另有一传说：玉皇大帝自己珍藏了一颗珍珠，他想把这颗珍珠放到世界上最美丽的地方。有一次，玉皇大帝巡游到龙州，看到龙州奇山丽水、钟灵毓秀，认为世上最美的地方非此地莫属，于是把珍珠放在了龙州城头南门渡的河中央。这颗珍珠闪闪发亮，引得一条青龙和一条黄龙争相抢夺，玉皇大帝把青龙和黄龙镇住，让它们永远守护珍珠，于是这里就成了"龙州八景"之一的"双龙抢珠"。因有龙有珠，人们就把这里叫作"龙珠"，当地土话"龙珠"与"龙州"近音，故又称"龙州"。现实中，这"青龙"是水口河，"黄龙"是平而河，这两条河都发源于越南，在龙州城头交汇后形成左江。水口河的河岸多岩石，河水清澈碧绿；平而河的河岸多黄泥，河水黄而混浊，两条河在龙州城头南门渡汇合后仍青黄分明，如"青龙""黄龙"结伴而行，

成了龙州一道独特亮丽的风景。

龙州紧依左江。左江经南宁向东流,通往贵港、梧州、广州、珠海、深圳等地。龙州依水而建,因水而兴,水陆交通便利,是中国南疆的重要门户和广西西南主要边城之一。龙州县城自宋代以后渐具规模。清《龙州纪略》载,城署在北门外时,"城内比屋邻接,人烟稠密"。至清嘉庆七年(1802年),城内已建有东、西、南、北等14条街巷。

龙州有得天独厚的地理条件,因此在清代成为列强进一步强迫清政府开埠通商的关注点。清光绪十一年(1885年),龙州被辟为广西第一个对外通商口岸,美国、英国、法国等国家控制的龙州海关和法国领事馆天主教堂、美国基督教堂皆设于龙州。开埠后,龙州不再是单纯的民间贸易和朝贡通道,而是成为官办对外贸易口岸,法国、英国、美国等国家在龙州设立商店、洋行,外贸活动日益繁忙。

至清光绪末年,龙州城内已建有大小街巷50条和6个河边码头,住户2452户10824人。清代诗人农余三曾在诗句中描绘龙州昔日的繁荣景象:"高门朱履三千客,夹道红楼十二衢。"据记载,仅清光绪二十五年至二十九年(1899—1903),龙州海关平均每年关税收入就达4500两白银,当时龙州商业的繁盛兴旺可见一斑。

中华人民共和国成立前,龙州对外通商的对象主要有美国、英国、法国、日本、越南等国家及我国香港、澳门等地区。中华人民共和国成立后,龙州口岸的对外贸易对象主要是越南的河内、谅山、高平、海阳、海防、太原等地。

历经沉浮后，这座百年商埠已形成较为完整的口岸体系，成了中国与东南亚各国进行文化、贸易交流的重要门户。如今，龙州作为中国沿边对外开放的商贸名城，是中国通往东盟地区各国最便捷的陆路通道和"一带一路"经济带的重要节点之一，有"小香港""边陲重镇""边寨不夜城"等美称，依旧生机勃勃。

三江总汇：梧州

"水汇三江，地总百粤""两广咽喉"，说的就是坐落于浔江、桂江、西江三江交汇处的梧州。它是广西的东大门，与粤港澳一水相连，也是古代海陆丝绸之路交汇的商埠重镇。

旧石器时期，梧州境内已有人类聚居和活动。春秋战国时期，在梧州活动的原始氏族部落的人，称"苍梧人"（古籍称"仓吾"），苍梧人的部落是中国最古老的部落之一。秦始皇三十三年（前214年），秦始皇统一岭南后，置桂林、南海、象三郡，梧州属桂林郡（一说南海郡），汉族开始在梧州定居。从此，梧州被纳入秦王朝行政区划。

西汉高后五年（前183年），赵佗称南越武帝，封赵光为苍梧王。同年，建苍梧王城，取苍梧人之名，故称"苍梧王城"，这是梧州建城之始。苍梧王城是座土城，面积1万多平方米。西汉元鼎六年（前111年），汉武帝灭南越国后，置苍梧郡，郡治苍梧王城，置广信县。西汉元封五年（前106年），汉武帝将交趾刺史部移至苍梧郡广信县，统辖岭南的苍梧等九郡。从此，梧州成为"岭南要地"，为岭南首府，商业贸易繁荣，成为西南和岭南地区北通中原及进出口货物的中转地。

隋开皇三年（583年），广信县改为苍梧县。唐武德四年（621年），废郡置州，取苍梧郡的"梧"作州名，始称梧州，这是历史上该地第一次定名"梧州"。唐宋时期，梧州的饮食业开始兴旺。

元至元十六年（1279年），梧州安抚司改为梧州路，设总管府，治梧州，辖苍梧县。明成化六年（1470年），明宪宗在梧州创建两广总督府，这是中国历史上最早的总督府。明代，梧州成为两广政治、军事中心，城内设市，"诸夷航海而至"，开始对外

● 梧州西江水上运输

贸易，有粤式茶楼、酒馆 10 多家。同时，梧州吸引着南来北往的客商，广东大批商人沿着西江这条"黄金水道"进入梧州从事贸易。梧州逐步发展成为西江流域商品集散地，出现"市相交易类全吴"的繁荣景象。

梧州位居西江上游，扼广西航运之咽喉，沿上游浔江可达云贵高原腹地，经西江向西可达越南，东至粤港澳，北经桂江、漓江的灵渠沟通长江水系。这条水路被历史学家称为"水上丝绸之路"，是古代岭南连接中原的重要通道。其地理位置得天独厚，引起了西方殖民者的垂涎。

清光绪二十三年（1897 年），英国强迫清政府签订《中英续议缅甸条约》，梧州被辟为通商口岸，走上了对外开放的通商之路。

此后，梧州对外贸易来往频繁，外商把经营进出口等业务委托给梧州商人办理。先后有英国、葡萄牙、法国、美国 4 个国家的商人，在梧州开设"渣甸""天和""人和"等商行，把外国货运到梧州，同时，又从梧州把土特产、矿产等运销我国香港地区和国外。随着梧州至香港航运业的发展，梧州成为广西最大的外贸口岸，成为桂、黔、滇、湘等地商品出海的门户。开埠后梧州城区也进一步扩展，开始兴建骑楼建筑，最兴旺的商业街道有九坊街、沙街、五坊街、四坊街。据民国《广西年鉴》记载，梧州"开埠不到半年，出口货物增值银四十万两，入口货物增值一百四十四万两"。商业之繁华使梧州俨然成为如《广西一览》一书中描述的"士商萃集之所，百货出入之枢，全省商业之

● 历史悠久的梧州骑楼城

重心"。梧州被称为"千年岭南重镇,百年两广商埠",可谓实至名归。

中华人民共和国成立后,作为连接珠三角经济圈、北部湾经济区和西南经济圈三大经济区域的枢纽节点、经济交流的重要通道、物资中转枢纽和产品集散交换中心,梧州的区位优势日益明显,经贸来往愈加频繁。梧州乘着传统优势的东风,正在描绘跨越发展的新蓝图,再现百年商埠的雄风。

穿过古老的骑楼城,迈上西江岸边的防洪大堤,临岸观景,西江浩荡东去的波澜壮阔、彩虹桥下鸳鸯秀水双江合流的奇观,浓缩了梧州的光影声色,仿佛正向人们诉说着梧州的悠悠古韵。

二

日暮乡关何处是

人在画中游：兴坪镇

兴坪镇属桂林市阳朔县。三国吴甘露元年（265年），析始安县置尚安县，县治在今兴坪镇狮子崴村。晋改尚安县为熙平县，治址不变。隋开皇十年（590年），熙平县改阳朔县，治址迁移，原熙平县治址所在地仅作圩镇。后因"兴坪"与"熙平"音近，年深日久，渐讹为"兴坪"。民国二十年（1931年）设兴坪乡。1950年3月，将大源乡以及杨堤乡、天顺乡各一部分并入兴坪称第三区；1956年1月第三区改称兴坪区；1957年12月，兴坪区分为兴坪、江村、画山、桥头铺4个乡。1958年8月，建立兴坪公社。1961年，兴坪公社分为兴坪、江村、画山、桥头铺4个公社。1962年7月，撤销公社设兴坪区。1968年10月，该地复称兴坪公社。1984年10月，该地改称兴坪镇。该名称沿用至今。

兴坪镇东与恭城瑶族自治县西岭乡交界，西与白沙镇、葡萄镇、杨堤乡接壤，南与福利镇、阳朔镇相连，北与灵川县潮田乡毗连。漓江流经兴坪，有个河湾，名曰镰刀湾。这里奇峰林立，江水迂回，树木葱茏，有碧潭绿洲、幽岩古洞、田园村舍，处处是美丽的景色，是漓江风光荟萃之地，素有"漓江佳胜在兴坪"

之说。九马画山、黄布倒影（新版20元人民币背景图案）、螺蛳山、朝板山等著名山水美景都集中在这里。

兴坪近临漓江水运通道，上通桂林、湖南，下达梧州、广东，直抵海外。古时兴坪沟通了长江和珠江流域以及湘、桂、粤地区的商贸往来，成为古代漓江沿岸最大的城镇。兴坪老街为旧时的圩场，是一条长约1公里的石板街，从兴坪古镇东南至漓江榕树潭、古渡码头。老街的两旁有广东、湖南、江西等省的会馆。现兴坪城墙轮廓尚清，随处可见古砖瓦陶瓷残片。镇内至今犹存古桥、古渡口、古戏台、古庙、古寨、古亭、古树、古村落建筑群，向世人展现着兴坪深厚的历史文化底蕴。

兴坪镇民俗丰富多彩。"九月十九"是兴坪镇的一项传统民俗文化活动，至今已有400多年历史，其前身是每年农历九月十九日举行的庙会，这一天兴坪民众自发到集镇附近的螺蛳山下腾蛟庵敬拜观音菩萨，祈求风调雨顺。老百姓还组织舞狮子、舞草龙、舞独角兽、彩调会演、游街等民俗巡游活动。传承至今，此项活动已成为当地集文化性、娱乐性于一体，又与旅游、贸易、对外交流相融合的综合性经济文化盛会。

距离兴坪镇2公里处有一个古老的村庄，始建于明正德年间。因村中有大鱼塘，有大沙洲，故名为鱼塘洲，后改称渔村。该村以鸬鹚、竹筏为主要元素的"漓江渔火"，是"桂林山水"的代表景象。村内街巷曲折，用青石板铺砌。该村现存传统民居建筑48座，均为砖木结构二层楼房。青砖墙，马头墙式防火墙，大门一般有三重，墙上有梯形观察孔，小青瓦硬山顶。村内房屋的门

● 阳朔兴坪

窗雕有"福禄寿喜""富贵吉祥"等篆书文字，梅、兰、竹、菊、狮子、麒麟、蝙蝠、喜鹊等吉祥图案。村前漓江环绕，村后群峰环抱。村后五指山和马颈山之间，建有天水寨，四周悬崖峭壁，仅有一条小路可通，地势十分险要。此寨为清咸丰年间民众为避战乱、防匪盗而建。因寨中有泉两眼，泉水清澈，经冬不涸，故名天水寨。该村历代涌现多位将官、富绅。例如，明代有进士赵海吾，清代有进士赵卫卿、赵际隆等6人，有康有为的弟子、参与"公车上书"的赵春台，有追随孙中山革命的黄埔军校第一期学生赵丹瑶，有富甲阳朔的赵家堂，等等。民国十年（1921年）十月三十日，孙中山从广州乘船至桂林途中，在渔村参观，拜访村民，并登临后山天水寨。1998年7月2日，美国总统克林顿及其夫人希拉里在游览漓江途中也到渔村参观访问。2004年，孙中山的孙女孙穗芳在孙中山当年下船登岸处建立纪念碑，题刻"孙中山先生系舟处"。

2007年5月31日，兴坪镇被建设部（今住房和城乡建设部）、国家文物局公布为第三批中国历史文化名镇。2011年7月15日，兴坪镇被住房和城乡建设部、国家旅游局（今文化和旅游部）公布为第二批全国特色景观旅游名镇。2012年12月24日，兴坪镇被环境保护部（今生态环境部）公布为国家级生态乡镇。

诗中的家园：黄姚镇

黄姚镇属贺州市昭平县。因姓氏得名。古时此地居民以黄、姚两姓居多，故名"黄姚"。黄姚发祥于宋代，兴建于明万历年间，明洪武年间属宁化里，鼎盛于清乾隆年间，清咸丰十年（1860年）称黄姚乡。民国设黄姚镇。20世纪50年代，先后设置黄姚区、黄姚公社。1984年，黄姚公社分为黄姚镇、巩桥乡。2005年8月，巩桥乡并入黄姚镇。该名称沿用至今。

黄姚镇东与凤凰乡、公会镇毗邻，西与走马乡相依，南与樟木乡、富罗镇交界，北与钟山县同古镇、清塘镇接壤。黄姚镇所在地属典型的喀斯特地貌。镇内有"五必六多"之说：有山必有水、有水必有桥、有桥必有亭、有亭必有联、有联必有匾，山水岩洞多、亭台楼阁多、寺观多、祠堂多、古树多、楹联匾额多。黄姚镇素有"诗境家园"和"小桂林"之称。

明万历至清康熙年间，福建、广东等地大量汉族人迁入黄姚，世居黄姚的人的姓氏达到了30多个。清乾隆年间是黄姚发展的鼎盛时期，大量广东移民迁入此地，黄姚人口大幅增长，加上广东移民善于经商，黄姚经济得到空前发展，成为贺州地区的经济

贸易中心。到了民国时期,由于自然灾害和时局动荡等原因,黄姚镇失去了旧日的繁华。

　　黄姚镇有金德街、迎秀街、天然街、中兴街、安乐街、连理街、龙畔街、山磅街等 8 条主要的石板街道,全部用青色石板打造而成,平滑如镜且有质感。其中,迎秀街(街名取"迎接秀才

● 黄姚古镇

归来"之意）最宽，约5米；最窄处为金德街（即"取财有道"之意）羊巷口，不到2米。石板街最早于清顺治年间开始铺砌，山根寨（今龙畔街）那段街道距今已有300多年历史，故有"老街"之称。清康熙、乾隆年间，黄姚又陆续铺砌东门楼至连理街一段200多米长的石板街。随着外来移民的不断迁入定居和居民

住宅的不断兴建,石板街也越铺越长,逐渐形成了今天的规模。石板街最奇处是鲤鱼街,因在铺石板时,在街中心碰上一块天生石,石匠们便把这一天生石凿成一个长约66厘米的石鱼,露出街中间的石板约寸许,摇头摆尾,形态生动。此为"黄姚八景"中的"盘道石鱼"一景。镇内有600多座古民居建筑,按九宫八卦阵式布局。游客在黄姚古镇要想不迷路,就要牢记当地人透露的一个行路规律:逢路口一律左拐或一律右拐,这样就能走出来。古民居多为二层庭院式小楼,硬山顶,小青瓦,砖木石结构;大门外檐有彩画,多为花鸟山水、人物故事等内容。镇内还有口"仙人井",因为一个美丽的传说而得名。传说黄姚古镇一位阿婆的善良感动了天上的七仙女,七仙女施法使井水有了祛病消灾的神奇功效,从此黄姚人把这口井称为"仙人井",古井之水被奉为"善水"。古井设计巧妙,五座方池彼此相连,却各有各的功能。第一座方池是专供居民饮用的,第二座方池是洗菜用的,第三、第四、第五座方池是洗衣服、洗农具用的。古井的井水长年翻腾而涌,无论多旱多涝,都始终保持不变。

黄姚在抗战的烽火岁月里,是众多爱国民主人士、文化界人士和同胞的庇护所和敌后根据地。这里有广西省工委旧址,何香凝、张锡昌、千家驹等文化名人的故居寓所。

黄姚的民俗文化丰富,其中最有特色的是农历七月十四日即中元节放柚子灯祭祀河神。其由来是黄姚的西北面是崇山峻岭,也是河流的发源地,每到雨季,洪水便会不期而至,冲倒房屋,人、畜溺水而亡时有发生,于是便有了祭祀河神,以求平安的做法。何为"柚子灯"?即先采来柚子,削去蒂部,接着在柚子上插上一炷香和一支蜡烛,再用竹签将3个柚子连成1个三角形。农历七月十四日这天,天黑不久,黄姚人就开始举行放柚子灯祭河神活动。放柚子灯的起点设在见龙祠下方的姚江。燃放鞭炮是开始放柚子灯的信号,依次是鼓乐队、舞狮队、烟花爆竹队表演,然后是柚子灯头灯带领的柚子灯编队开始放灯。柚子灯连成一条长约40米的火龙在姚江水面上前行。此时,守候在岸边的居民在柚子灯到来时,便燃放烟花和爆竹,场面甚为热闹。柚子灯漂

● 黄姚中元节放柚子灯

流至仙山祠便到达了终点，这时，岸上的人会跳入水中抢柚子灯，把抢到的柚子拿回家和家人分享食用。进入 21 世纪，这项民俗活动也从原先单一的祭河神变成了一种娱乐活动，成为黄姚古镇推动乡村文化旅游的一张亮丽名片。

2007 年 5 月 31 日，黄姚镇被建设部（今住房和城乡建设部）、国家文物局公布为第三批中国历史文化名镇。2010 年 3 月 10 日，黄姚古镇被住房和城乡建设部、国家旅游局（今文化和旅游部）公布为第一批全国特色景观旅游名镇。2017 年 8 月 22 日，黄姚镇被住房和城乡建设部公布为第二批全国特色小镇。

边陲古镇：那良镇

那良镇属防城港市防城区。以驻地取名。古称溆凛峒，又称榕木峒，因当地有棵大榕树得名。后因田地肥沃，粮食产量高，该地改名为那良，壮语"nazliengz"，"那"（naz）指田，"良"为"好"，"那良"即"好田"之意。清顺治年间那良成圩。清光绪十四年（1888年），那良称溆凛峒，分那良峒甲、大村甲、那巴甲3甲。1947年设那良镇，属广东省防城县。1949年属防城县西区。1952年改为那良区，属广西防城县。1957年设那良乡，属十万山僮族瑶族自治县。1958年设那良公社。1978年，该地属防城各族自治县。1984年该地改为镇。1993年，该地属防城港市防城区。2005年那峒乡并入那良镇。该名称沿用至今。

那良镇东接扶隆乡、那梭镇、东兴市马路镇，西邻峒中镇，南连越南广宁省，东北靠上思县南屏瑶族乡。那良镇是刘永福、林俊廷、陈济棠、郑翠兰等著名人物的故乡，有"英雄故里、边陲重镇"之称。此地盛产玉桂、八角，被誉为"玉桂八角之乡"。当地居民以汉族为主，同时还居住着壮、瑶、满、京等少数民族。那良因与越南只有北仑河一河之界，在历史上很长一段时间曾经

出现"有边无防"的局面,那良先辈在历史上曾几次规模移居越南,而后又从越南移居到美国、加拿大、澳大利亚、新西兰等国。因此,那良镇是防城港市侨乡之一。

明清时期,大量汉族客家人几经辗转从广东、福建等地迁移到此定居,祖祖辈辈在那良繁衍生息,代代相传。因此,那良古镇的居民以客家移民为主,客家文化和客家风情浓厚,建筑保留着客家民居的传统风格,现存较完整的客家民居有杨南昌庄园,为客家围屋式建筑。

民国年间,那良镇已有各类商店数百家,集贸市场交易活跃,是当时远近闻名的大圩镇。在过去交通不便的年代,那良人主要靠那良江、北仑河水路和大勉、那旺、白赖隘公路,与东兴、上思等地商人进行贸易往来,形成"四方商贾聚那良"的繁荣景象。另外来那良做买卖的还有来自越南广宁、丁模、海防、广河、六府、芒街等地的边民,他们带来咸鱼、盐、洋纱等货物,那良形成了一道独特的边关风景。

那良镇有4条古街,如"爪"字形坐落在那良江畔,分别是东西、南北走向,纵横交错,布局完整,大部分建筑建于清末民国初期,建筑风格多为简朴的"竹筒楼"。据《那良文史》记载,那良镇最早的街是南北走向的兴宁路,旧称上约街和下约街。20世纪30年代兴宁路又叫正街。正街宽仅3米左右,街道也很短,只有200～300米,圩日时山货满街,行人拥挤,水泄不通。同为南北走向的永安路,因过去售卖各种米粉,又称"粉街",现称"美食街"。这里人工精制的米粉、粉利、虫仔粉、猪头肉粉和糍粑因口感好而闻名遐迩。20世纪30年代，为适应当时市场的需要，那良江边又建设一条南北走向的大街，时称"江宁街"，寓不受洪水淹扰，江边居民安宁之意，又称"法式街"，现称"人民路"。在此街建屋的主人多是从粤港澳或国外等地当官、经商回来之人，所建之房是当时较时兴的法式洋楼。解放路就像"爪"字的第一笔一样，呈东西走向，东与兴宁街、永安街两街交汇，西与"法式街"交会延至那良江边。该路可分三段：处于兴宁、永安之间的为上段，旧称横街，建于清末民国初年；中段又分两街，东为苏杭街，西为打铁街；与"法式街"交叉路口至江边为下段，是过去街区群众到那良江挑水的必经之道，每天清早，男女成队，担水的扁担嘎吱嘎吱作响，如美妙的晨曲，故称"担水街"。

那良的土地孕育着一代又一代富有灵气的那良人，他们崇文尚武，名人高士辈出。清代以来那良出现过数十名高级官员。镇上保存基本完好的古民居不少于900间，其中清末民国初期建成、具有西洋建筑风格、建筑面积达200平方米以上的洋楼超过60座。清末抗法民族英雄刘永福、清末秀才杨南昌、国民党抗日爱国将领巫剑雄等名人的故居，永安书院、明仑书院、古森书院、荣昌书院、寿文书院、澌凛书院等一批有名的建筑均置身其中。

2019年1月21日，那良镇被住房和城乡建设部、国家文物局公布为第七批中国历史文化名镇。

寿乡茶城：恭城镇

恭城镇属桂林市恭城瑶族自治县。因县人民政府驻地而得名。隋义宁二年（618年），置茶城县，以其地盛产茶叶而民喜食油茶故名茶城县，隶始安郡。唐武德四年（621年），茶城县改称恭城县。以"茶"字之形类似"恭"字而更名。民国二十二年（1933年），今镇域设有城厢镇。1958年，恭城县改属桂林专区，设城厢公社。1959年设茶江公社。1962年设城厢镇。1968年属城厢公社。1980年设恭城镇。1984年，城厢公社改城厢乡。1989年撤销城厢乡并入恭城镇。该名称沿用至今。

恭城镇东接平安乡，西与平乐县沙子镇毗邻，南与莲花镇相连，北与西岭乡相邻。镇内现存3条建于清至民国的古街，即太和街、吉祥街、傅家街，街巷铺砌青石板，两侧多为旧时商铺建筑。镇内现存文庙、武庙、周渭祠（周王庙）、湖南会馆四大古建筑，人称"三庙一馆"，形成了恭城独特的古代"文""武""官""商"文化。文庙始建于明永乐八年（1410年），后经清道光二十二年（1842年）改建，现为广西现存规模最大、历史最悠久、保存最完整的文庙建筑。与文庙相距不过100米的武庙，又称协天祠，始建于明万历三十一年（1603年），清康熙五十九年（1720年）重修，庙中戏台是目前广西保存最完整的两处古戏台之一。文、武两庙同处一地，在中国是少见的。为纪念宋代以清廉著称的监察御史周渭而建的周渭祠，始建于明成化十四年（1478年），清雍正元年（1723年）重修，由戏台、门楼、大殿、后殿及左右厢房组成。湖南会馆始建于清同治十一年（1872年），布局严谨，红墙黄瓦，泛翠鎏金，飞檐上翘，蔚为壮观。

● 恭城文庙举行成人典礼活动

距恭城镇3公里的乐湾村乐湾屯保留有大量清代古建筑遗存。屯内传统民居一般为对称布局，有三重门、天井和堂屋，堂屋两边为厢房，天井两边为厨房和柴房。青砖黛瓦，坡顶，马头墙，高墙深院，飞檐翘角，青石大柱，雕梁画栋，颇具岭南民居风格。屯中巷道用青石板铺设，排水功能完善。屯内现存宗祠4座，分别为显巍公祠、陈氏宗祠、陈四庆宗祠、陈五福宗祠。该屯东临茶江，沿江有长达3100米的古樟林环绕围护。此古樟林为广西樟树古树群中面积最大、古树最多的古树群。这里也是恭城旧八景"二童讲书"和新八景"西江渔唱"的所在地。据传这片古樟林是清道光十年（1830年）乐湾一位进士为保护茶江河岸免受洪水冲刷，保护乐湾耕地与村庄而种植的，并且还制定了严格的护林公约，不准人们进林拾柴伐竹砍树。至今屯里的人仍然遵守着这一公约，樟树林因此得以长存至今，成为屯里的一笔"绿色财富"。2014年11月17日，乐湾屯被住房和城乡建设部、文化部（今文化和旅游部）、国家文物局、财政部、国土资源部（今自然资源部）、农业部（今农业农村部）、国家旅游局（今文化和旅游部）公布为第三批中国传统村落。2019年10月7日，乐湾村古建筑群被国务院公布为全国重点文物保护单位。

恭城镇老百姓喜食油茶。话说当年清乾隆皇帝下江南，吃多了山珍海味，食欲不佳，见食生厌。一位恭城籍御厨想起家乡的油茶可解腻，便尝试做了一碗给乾隆皇帝品尝，乾隆皇帝喝过之后顿时口舌生津，胃口大开，并御赐恭城油茶为"爽神汤"。恭城油茶之所以具有如此功效，是因为其原材料主要为茶叶和生姜，二者皆有消食健胃、驱湿避瘴的作用。恭城人每天早餐都要"打油茶"，有的家庭甚至一日三餐离不开油茶，喝油茶已成为当地民众饮食休闲的一件趣事。制作油茶不说煮而称"打"，其过程是先用少许开水浸泡茶叶5～10分钟后捞出晾干，然后在茶锅内放少许油烧热，放入姜、蒜及泡好的茶叶稍炒，随即将其捶碎，捶好后加热水烧开熬至出味，放入精盐，用油茶滤网把茶水滤到碗中，撒入葱花、米花、酥花生即成。用食品与油茶同食，叫"送油茶"。送油茶的小吃有很多种，传统的有炒米（米花）、炒花生、排馓、油炸锅巴、红薯、芋头、玉米及各种粑粑。恭城现在被评为"中国长寿之乡"，当地群众认为长寿的秘诀跟油茶有莫大的关系。

2012年12月24日，恭城镇被环境保护部（今生态环境部）公布为国家级生态乡镇。2014年2月19日，恭城镇被住房和城乡建设部、国家文物局公布为第六批中国历史文化名镇。

千年临贺之歌：贺街镇

贺街镇属贺州市八步区。因西汉元鼎六年（前111年），置临贺县于此，因地处临水南岸，左合贺水，故名。从公元前111年至1952年9月的2000多年里，贺街镇一直是临贺县、临贺郡、临庆侯国、贺州、贺县治所，故其别称有贺县城、贺县街、贺城等。1949年11月，设城厢镇。1958年9月，设贺城公社。1961年5月，改为贺城区。1962年5月，复改为贺城公社。1984年8月，撤销贺城公社，改为贺街镇贺城乡。1987年3月，称贺街镇。该名称沿用至今。

贺街镇东与南乡镇接壤，西连鹅塘镇，南与步头镇为邻，北靠莲塘镇交界。素有"桂东文化古城"之称。始建于西汉元鼎六年（前111年）汉武帝平南越之时，为苍梧郡临贺县县治，历经朝代更迭，形成了庞大的建筑群——临贺古城。直到1952年贺县人民政府把治所迁往今贺州市八步镇，临贺古城才完成它作为县治的历史使命，历时共2063年，是现存县级行政治所城址中延续时间最长、保存最为完整的古城遗址。在漫漫历史长河中，中原文化、百越文化和楚文化在此融合积淀，壮、汉、瑶、苗等民族和睦相处，壮话、客家话、瑶话等数十种方言在这里传播，并由此衍生丰富的民族文化资源。临贺古城是中国特别是岭南地区非常具有代表性的古代郡县制城址的一个缩影。临贺古城包括旧县肚城址、洲尾城址、河西古城、河东古城四大城址，香花、高基、寿峰、蛇头岭、蝴蝶岭、大坪岭六大古墓群，两座寺庙及一处宋代营盘遗址，拥有大量富有地方特色的古建筑，包括寺庙、祠堂、捕厅、衙门、义仓、会馆、文庙、石板街道、古井、民居、码头及水门等。临贺古城历史脉络清楚，延续时间长，文化内涵丰富，是广西已发现的西汉四大城址中唯一保存完好的历史古城。2001年6月25日，临贺古城被国务院公布为全国重点文物保护单位。

瑞云山是临贺古城的主山。据《贺州市志》记载，唐大和年间，刺史李郃见山常有彩云环绕，便命名"端云山"，后人称"瑞云晴霁"，是古贺州的八景之一。山上有"出水莲花""南蛇过江""猛虎下山""猴子捧西瓜""金钱吊葫芦""蜘蛛进贡""犀牛望月"等胜景。浮山位于贺街镇临贺两江交汇处，是一座江中孤岛。洪水袭来时，周边一片汪洋，唯有它从未被覆顶淹没，像一座浮在水中的山，故名"浮山"。浮山远看像一方盖在水面上的玉玺，又俗称"玉印浮山"。镇内有口桂花古井，始建年代不详。明天启年间和清嘉庆年间曾重修。由于年深日久，护井的石栏四周已被人们汲水时所用的绳索磨出道道沟痕，深10～16厘米，形如菊花，又像怒放的莲花，见证着岁月的沧桑。井水四季清澈，清冽甘甜，是泡茶、煮饭、酿酒的上乘清水。

● 贺州市贺街镇

明洪武年间,镇上龙氏的先祖龙正科制定了"以田养贤"的家规。何为"以田养贤"?就是由各家各户捐出义田,轮流耕种,将收获的谷物换成银两来建立义学,用于子孙后代的教育事业。这种义学不仅面向龙氏子孙,镇里其他贫苦好学的孩子也可以免费就读。即使在大灾之年,义学也没有中断过。一直到民国三年(1914年),为了扩大教学规模,也为了顺应时代潮流,龙氏后人把义学改建为"贺街国文专修科存诚学校",后发展为镇上第一所中学。龙氏后人世世代代遵从祖辈的遗志,一直践行重视教育、开启民智的优良传统。镇里的文笔塔和魁星楼遥相呼应,文笔塔寓意写尽天下文章,魁星楼象征着人才辈出、势必夺魁,这都寄托着当地人民对学子们的殷殷祝福。

2014年2月19日,贺街镇被住房和城乡建设部、国家文物局公布为第六批中国历史文化名镇。2016年10月11日,贺街镇被住房和城乡建设部公布为第一批中国特色小镇。

四十八峒的明珠：中渡镇

中渡镇属柳州市鹿寨县。因地处洛江之畔，上有旧县，下有新县，中间有平乐镇3个横水渡，故名"中渡"。秦属桂林郡地。汉属潭中县地。隋属象县。唐贞观年间从象县分出，设洛容县，县治于中渡。明万历四年（1576年）迁县址于灵塘（今柳州市鱼峰区雒容镇）。中渡改为平乐镇。清光绪三十二年（1906年），析永宁州及雒容、永福、柳城、融安等县的部分地域置中渡厅。民国元年（1912年），中渡厅改为中渡县。1952年，榴江、中渡、雒容三县并为鹿寨县后，中渡为鹿寨县第二区。1957年，第二区改为英山乡。1958年，改为英山公社。1962年，复改为中渡区。1966年，改为中渡公社。1983年，改为中渡区。1987年，改为中渡镇。名称沿用至今。

中渡镇东接黄冕乡，西邻平山镇，东南连鹿寨镇，西南连柳州市鱼峰区雒容镇，北靠永福县永安乡、三皇乡。该镇虽名称和隶属多有变更，但一直是县级地方行政中心，"城河一体"的军事防御体系，是其为军事重镇的历史见证。镇内古民居群始建于清代中期，位于镇中心，整个群落一律青砖灰瓦，木质构架，古

朴典雅。分为东、西、南、北4条街,设东、西、南、北4扇城门,至今仍有很多古民居、旧商号、客栈遗址等建筑保存完好。中渡武庙、粤东会馆、钟秀杰故居等坐落其中,较好地展现了中渡的历史风貌。此外,中渡自然景观秀美婉约,地貌景观千姿百态。

中渡庙会颇具特色。相传在清光绪年间,北京城内太和殿失火,中渡城隍闻讯前往救火,于是天空出现"鹰山城隍"灯笼一对。太和殿火灭后,光绪皇帝念其救火有功,遂赐木匾一块挂到中渡城隍庙内,匾上刻有龙头。后来,中渡百姓将城隍视为保吉

● 中渡古镇

祥平安之神。为纪念城隍，中渡百姓每年农历五月二十八日都自发举行盛大庆典，开展庙会活动。整个庙会历时 3～10 天，主要活动有舞龙舞狮表演，腰鼓队、秧歌队环城游乡，抢花炮，夺奖屏，唱桂戏等。其间，人们要到城隍庙烧香拜祭，祈求免灾脱难、四季平安、风调雨顺、五谷丰登。庙会当天下午，镇上的人们还要举办和家宴，又称"百家宴"，由古时中渡的"吃合饭"演变而来，已有将近 600 年的历史。为筹备和家宴，全镇大街小巷的乡亲老少齐上阵，一起动手做菜。以东、西、南、北 4 条街道为活动场地，大家在街道上摆起圆桌，一张紧挨着一张，成为长长的圆桌龙。饭桌上摆着中渡八大特色家常菜——猪肺汤、豪细松、大杂烩、酸甜肉圆、香叶包、莲藕红肉、清水羊肉、石头南瓜，斟上香醇的米酒，全镇人一起举杯相碰，为祝愿彼此生活红红火火、兴旺发达而高唱"烘、烘、烘，烘起来"。

  2011 年 7 月 15 日，中渡镇被住房和城乡建设部、国家旅游局（今文化和旅游部）公布为第二批全国特色景观旅游名镇。2014 年 2 月 19 日，中渡镇被住房和城乡建设部、国家文物局公布为第六批中国历史文化名镇。2016 年 10 月 11 日，中渡镇被住房和城乡建设部公布为第一批中国特色小镇。

红色故地：界首镇

界首镇属桂林市兴安县。明代以前，全州属湖南，兴安属广西，界首正处于两地的交界之处，故名。清属兴安县及全州。民国二十二年（1933年），设有界首乡，属兴安县。1949年，全州县属的界首划归兴安县，设湘源区和界首镇。1957年改为界首乡。1958年设上游公社。1959年，上游公社改为界首公社。1962年，界首公社改为界首区。1966年，界首区复改为界首公社。1984年，界首公社撤改为界首镇。名称沿用至今。

界首镇东北与全州县交界，西北邻资源县，南与本县湘漓镇、兴安镇接壤。界首镇依湘江而建，因湘江而商贸繁荣，自古就是湘桂走廊咽喉要津，连接湘桂两省（自治区）和桂北四县（兴安县、全州县、灌阳县、资源县）的水陆交通枢纽，是广西与中原地区往来的要塞，是桂北四县的区域性商贸中心，也是中原文化与岭南文化传播交流的重镇。镇内现有保存完好的明清时期遗留下来的骑楼商铺和湖南、江西以及附近的灵川等地商人在此地开设的会馆。徐霞客游历广西时曾对此有记载："界首，乃千家之市。"

界首镇也是红军在长征中浴血鏖战的地方。1934年11月27日至12月1日，红军在界首与国民党军队展开激烈战斗，界首成为中国革命史上著名的湘江战役的4个主战场之一。从界首渡江的中共领导主要有毛泽东、周恩来、朱德、邓小平、张闻天、王稼祥、博古、彭德怀等，至今界首古镇还流传着许多红军的故事，界首因此形成了鲜明的"红色文化"，并成为著名的红色文化教育基地。红军街原为镇内的一段古街。1934年11月底，中央红军渡湘江时，中央机关曾驻扎于此，进行了大量的革命宣传，包括演出文明戏，宣传党的路线、方针、政策，没收了当地一些地主、资本家的物品分发给群众，并发动群众协助红军架设浮桥。中华人民共和国成立后，人们把这段古街称为红军街。位于界首渡口西岸的红军堂，原为"三官堂"，据史料记载，建于民国元年（1912年），因供奉着天官、地官、水官而得名"三官堂"。三官堂紧临界首渡口，地势较高，周围无任何遮掩物，便于观察渡口四周的情况。湘江战役期间，红一、红三军团曾先后在三官堂设立临时指挥部。1934年11月27日，红一军团渡过湘江后在三官堂设临时指挥部。由于北面防守重地全州县城被湘军占领，奉中革军委指示，林彪于当晚在三官堂向红三军团四师十团布置了防守光华铺的事宜后，于11月28日拂晓，移军团指挥部于脚山铺，阻击南下的湘军。11月30日彭德怀到达界首，设红三军团指挥部于三官堂，阻击北上的桂军。12月1日晨，在中革军委纵队安全过江并进入越城岭山地，江东的红五、红八、红九军团已经接近湘江时，彭德怀率军团部指挥撤离三官堂。其间，朱德

也在三官堂内指挥渡江。湘江战役结束后,三官堂被炸毁,后于1936年由民间集资重建。重建后的三官堂为两进四合院式建筑,砖木结构,主体建筑面阔三间,抬梁式木构架,硬山顶,风火山墙,占地面积149平方米。中华人民共和国成立后,当地群众为纪念红军,将三官堂改称为红军堂。

"界首十大碗喊席宴"是当地流传的一种风俗。据界首老者介绍:界首十大碗喊席宴早在清代就已经开始流传,每逢婚礼、满月(对岁)、进伙(乔迁之喜)、寿宴等喜事场合都会看到。喊席宴主要是为了表达喜庆、热闹,用喊话(唱)的形式来调节喜宴的气氛,一般由2个人来喊,一主一次,一应一答,也有由4个人来喊的。喊席宴上会根据不同酒席安排不同的长辈、亲属按一席、二席、三席、四席来就座,每桌安排一位主家人陪酒,在宴席上会不定时地对长辈们喊酒、敬酒,直到喜宴结束。界首十大碗喊席宴的地方风俗是当地人民对幸福、有礼、欢乐生活的追求的表现,也是一种历史悠久的本地文化之一。以酒待客,席间敬酒,"喊席"助兴,让人们从酒香中感受到热情好客的桂北乡情。

2014年2月19日,界首镇被住房和城乡建设部、国家文物局公布为第六批中国历史文化名镇。

画扇之乡：福利镇

福利镇属桂林市阳朔县。因镇政府驻福利圩得名。此地荔树成林，取名"伏荔"，后取谐音"福利"，取"福国利民"之意。民国二十年（1931年），设福利乡。1950年2月，将天顺乡、普益乡、碧莲乡各一部分划归福利，称第二区。1956年1月，改称福利区。1957年12月，复称福利乡。1958年8月，福利乡和桥头铺乡大部分区域合并成立福利公社。1962年7月，复称福利区。1968年10月，复称福利公社。1984年10月，撤销福利公社改称福利镇。名称沿用至今。

福利镇东与平乐县沙子镇接壤，西与阳朔镇交界，南与普益乡为邻，北与兴坪镇毗邻。山水奇丽，三面环山，一面临水，素有"三山环古镇，一水抱绿洲"之雅誉，是漓江水运的码头，也是珠江水系的古埠头。福利古埠头有三亭、三街、三宫、三寺、三石、一宝塔。三亭：大光亭、魁星楼、龙母亭。三街：老街、兴隆街、岭背街。三宫：天后宫、行宫、水源宫。三寺：青龙寺、白虎寺、崇佛寺。三石：三姑石（平列石台上的三块石头）。一宝塔：文塔。

通往漓江畔福利码头的岭背街，长百余米，也称画扇街，这里有能工巧匠，擅长绘图、制扇。福利镇有着悠久的画扇制作历史，被文化部（今文化和旅游部）授予"中国画扇第一镇"的称号。画扇全是本地匠人手工精制，扇骨用的是江边毛竹，扇面是土产绵纸，韧性很强，经年无损。画面亦是本地人所绘，多为桂林山水、花鸟虫鱼、田园风光、古典仕女、奔马猛兽和诗书篆刻等，色彩缤纷。画扇制作一般包括剪、画、裱、打折和扇骨入套五道工序。五道工序后，余下的是修饰工作。五道程序当中，最难、最要求技巧的环节是画、裱和扇骨入套。画，要求匠人有相当高的绘画水平；裱，要求均匀、平整、不伤画面；扇骨入套，要求扇面的大小、留缝处与扇骨互相吻合，否则无法入套。一把画扇的成功制作是工业生产与艺术生产的完美结合。

"五月八"是福利镇特殊的传统节日，俗称"五月八崽头节"，意为祝贺当年生了儿子的人。其源于古代的"送子娘娘"崇拜。很早以前，福利圩建有3座大庙——天后宫、水源宫和行宫。各个宫里都分别供奉着大小神像一两百尊，而最大的两尊神像，人称"公公婆婆"。"公公"是春秋战国时劝郑庄公黄泉见母的颍考叔，"婆婆"是福建省莆田的林氏女。传说林氏女死后，经常庇佑渔民不遭海难，护佑渔船一帆风顺，得到人们的传颂，因此元代皇帝封她为天妃，清康熙时加封其为天后。地处江边的福利镇由此也建起了天后宫，以纪念天后娘娘。在当地人们的心中，天后娘娘还是一位送子娘娘，所以人们把她尊称为"婆婆"。人们在祭拜"婆婆"时都会敬献做工精巧的鞋子。"鞋子"在当地方言中与"孩子"谐音,故送鞋子是人们对"婆婆"表达谢意。农历五月初五日是"公公"的诞辰,农历五月初八日是"婆婆"的诞辰,当地便以农历五月初八日为纪念日。"五月八"的民俗活动从农历五月初四日便开始了,直到农历五月十五日才结束,以农历五月初八日最为热闹。这一天,除了抬"公公"像和"婆婆"像游街、请戏班子唱戏、请道公打醮念经外,还要舞龙、舞狮、跑牌灯、舞板凳龙、踩高跷、扎故事台、放花炮、放烟花等。现在"五月八"会期的节日活动更是丰富多彩,一年一次小型活动,三年一次大型活动,除传统的民俗活动外,还有群众喜闻乐见的民间文艺队的演出和打篮球、拔河、下棋等文体活动。

2012年12月24日,福利镇被环境保护部(今生态环境部)公布为国家级生态乡镇。2019年1月21日,福利镇被住房和城乡建设部、国家文物局公布为第七批中国历史文化名镇。

"秀水"出秀才：秀水村

秀水村属贺州市富川瑶族自治县朝东镇。唐开元十三年（725年），曾任刑部郎中的浙江人毛衷被外放到广西贺州任刺史。官满卸任后，毛衷携家迁居富川秀水，在河边筑地造村，繁衍子孙，家族日渐兴盛，逐渐发展成由八房、安福、水楼、石余4个自然村组成的村落，统称为秀水村。

秀水村以"一村（自然村）、一台（戏台）、一山（后山）、一水（前水）、一坪（观戏坪）"为村落格局，即每一个自然村落必然是面对河流（水体），背靠青山，建有一个戏台及观戏坪，这也是富川古人开村立寨的定式，形成山、水、村、田园相互交融，人文与自然交相辉映的空间布局。秀水村文化底蕴深厚，村中有状元楼、进士屋，有雕花石鼓、石门槛、石拱桥、石岩寺、花街石路以及古门楼、古戏台、宗族祠堂等古建筑，延绵着千载不衰的文脉，有"宋元明清古民居露天博物馆"之称。

状元楼里有一副对联"富水奔腾孕育廿六进士，秀峰挹爽造就一代状元"，故秀水村又称"状元村"。在历代科举中，秀水村有状元1名、进士26名。为什么该村能出状元和那么多的进士呢？一方面，立村之初，崇儒尚学的毛衷就把"读书荣身"作为宗族思想传承。毛氏宗族从制度上支持子弟读书做官；设立学田、功名田产，用于延师兴学，奖励功名，资助学子上京赶考；设立族内捐田，用捐田的租谷，代支族中子弟的学费；设立族内藏书楼，方便子弟阅读增长知识；设立奖赏制度，考中举人、秀才的子弟划拨一定的田谷奖励，考得贡生以上功名的子弟则在祠堂前立旗杆石以示标榜。古时村中有四所远近闻名的书院，即鳌山石窟寺书院、山上书院、对寨山书院、江东书院。另一方面，与潇贺古道也有着极大的关联。古道不仅加强了商贾贸易、货物流通，而且也便利了人才信息交流。一些外地的秀才、举人沿古道到此任教，传授知识，开阔了村人的视野，增长了村人的见识。而村中的有识之士也沿古道外出求学、应试、入仕、经商，增加了他们成才、创业的机会。如今的毛氏后人谨遵先祖教诲，传承着勤勉读书的家风。

  2008年10月14日，秀水村被住房和城乡建设部、国家文物局公布为第四批中国历史文化名村。2012年12月17日，秀水村被住房和城乡建设部、文化部（今文化和旅游部）、财政部公布为第一批中国传统村落。

明清遗珠"小南宁":扬美村

扬美村属南宁市江南区江西镇。因所在环境得名。相传初来此处建村的村民,见此地依山傍水,灌木丛生,小金樱(即白花七叶树)盛开而白花飞扬,乃以"白花村"命名。时光流转,在此居住的村民见此处清溪环绕,扬波逐流,景色宜人,又将其改名为"扬溪村"。"扬美"之名是取"美名传扬"之意。当年当地所属合江镇一带驻军多有军功,屡受朝廷褒赏,美名传扬四方,后人为纪念祖宗崇德嘉功,将村名由"扬溪"改为"扬美"。

扬美村始建于宋代,三面环江,水运发达。明嘉靖年间,扬美渡已成为南宁有名的渡口之一。明嘉靖四十三年(1564年),扬美逐渐发展成著名的圩市。至明末清初,由于水路交通便利,扬美圩已成为左江、右江下游地区土特产品的主要集散地之一,是远近闻名的繁华商埠。村内至今保留有古街、古巷、古宅、古祠、古庙、古碑、古树、古闸门、古码头、文武塔、烽火台等遗迹。村内有振兴街、临江街、解放街、永安街、和平街、新民街、中山街、共和街等8条由石板铺砌的古街道,并与古商埠码头相衔接。扬美村主要的古建筑有魁星楼、七柱屋、举人屋、进士第、慕义门、黄氏庄园等，古民居多为一层，砖木结构，进四间或三进二厢建筑，面积在 100～200 平方米。村内较大的建筑群有五进，各进设长廊相连。民居大门以青石条做门槛，两边有石墩、石鼓、石狮等，房屋分厅堂、天井和厢房。

● 扬美古镇

古乐是扬美村一大特色。明末清初,扬美古乐随着经济的发展而兴起,清乾隆至光绪年间,已相当兴盛。当时的扬美村除不时请外地戏班演出之外,本村还组织戏班,有唱春牛的、唱师公的、唱邕剧的。因为扬美人有从山东、广东等地而来的,四面八方所来之人带来了各自喜爱的剧种、音乐,还有地方特色极浓的土腔土调民歌,如新婚庆典的"升花",农历四月初八日的"菩萨出游",风格独特,曲调简洁精炼,韵味无穷。弹奏古乐常用的民族乐器有扬琴、秦琴、大弦琴、高音胡、中音胡、低音胡、笛子、唢呐、喉管等。扬美古乐音色独特,驻足听之,启人心扉,乐在其中。今扬美村的村委办公楼里,保存有一整套演奏扬美古乐的古乐器。

2010年7月22日,扬美村被住房和城乡建设部、国家文物局公布为第五批中国历史文化名村。2012年12月17日,扬美村被住房和城乡建设部、文化部(今文化和旅游部)、财政部公布为第一批中国传统村落。

广西楹联第一村：大芦村

大芦村属钦州市灵山县佛子镇。相传大芦村原本是芦荻丛生的荒芜之地，明代中期才开始有人烟，经过该村劳氏先民们的辛勤开发，到明末清初已建成拥有15个姓氏家族和睦共处的富庶之乡，为了使后辈不忘先民当初创业的艰辛，故而取名"大芦村"。

大芦村是广西3个著名古村之一，以"三古"（古建筑、古文化、古树）闻名，具有民宅建筑古老，民俗文化悠久，古树众多，生态优良等特点，大芦村古建筑群是广西保存最完好、规模最大的明清建筑群。2013年3月5日，大芦村古建筑群被国务院公布为全国重点文物保护单位。该村古建筑以劳氏古宅最为著名。劳氏古宅共有9个群落，从明嘉靖二十五年（1546年）到清道光六年（1826年）才逐步建成。劳氏先人自建造第一个宅院伊始，就营造与周围环境和谐共生的养息氛围，以"艺苑先设""健融凌云"为建筑理念，使优良的生态环境和优秀的人才培养机制相得益彰。到清代末期，人口总数不足800人的大芦村劳氏家族，拥有良田千顷，培育出县、府儒学和国子监文武生员102人，47

人出仕，78人次获得明、清王朝封赠。

大芦村历史文化积淀深厚，珍藏有许多文物，包括文天祥手迹等文物珍品。大芦村现保存有305副古对联，对联内容以修身、持家、创业、报国为主，因此被誉为"广西楹联第一村"。这些传世楹联，教诲人们修身养性、严以律己，劝导人们立身处世、德才为先，晓谕人们笃学励志、利己利国。

村里还保留着许多"十里不同风"的习俗。每年农历七月十四日，当地人吃茄瓜粥"以示不忘祖德"。而农历八月十八日的庙节，又叫"岭节"或"跳岭头"，是大芦村最热闹的节日，节日期间戴面具的舞者会表演祭祀性民间舞蹈。祖屋镬耳楼后背山参天盖地的古树下，他们世代传授的"老师班"，在天幕下，拍击长鼓，表演传统民俗舞蹈"跳岭头"，亲朋乡邻云集，怡然自乐。庙节这天除民族舞蹈等表演外，最重要的事莫过于请亲朋好友到家中做客，品茶尝果，还在饮酒、吃饭前吃这个节日最具代表性的小吃——红牛生。

2007年5月31日，大芦村被建设部（今住房和城乡建设部）、国家文物局公布为第三批中国历史文化名村。2012年12月17日，大芦村被住房和城乡建设部、文化部（今文化和旅游部）、财政部公布为第一批中国传统村落。

后 记

◆

　　《广西地名文化》是广西壮族自治区党委宣传部组织编写的"文化广西"丛书之一，由自治区地方志办公室负责编著。项目确定后，编写组认真设计全书篇目框架，及时召开编务会议，明确了"学术基础、散文表达、纵览古今、点面结合"的编纂思路，组织自治区地方志办公室相关同志明确了任务分工。编务会议后，各位作者立即行动，查阅资料，撰成初稿交广西人民出版社，出版社的编辑对各位作者的稿件进行了精心的编校。

　　本书主要由梁金荣负责组织编写并统稿，各篇章的具体分工为："物换星移几度秋"由吴辉军撰写，"青箬裹盐归峒客"由柳玉秀撰写，"溪行十里古关道"由苏麟忠撰写，"苍苍森八桂"由周珍朱撰写，"一江春水向东流"由林建超撰写，"日暮乡关何处是"由刘妍撰写。

　　编写《广西地名文化》的初衷是向读者介绍广西地名由来和变迁，广西地名与民族、经济等方面的关系。如果外省的读者因为这本书对广西多了一分了解，广西的读者因为这本书对自己的家乡多了一分热爱，那么它也算是在广西文化建设中尽到一份微

薄之力了。

由于水平有限，书中难免有纰漏，希望得到读者们的批评和指正。

最后，在这里特别感谢广西人民出版社领导和编辑在本书的编写过程中给予的大力指导和支持。感谢为本书提供精美图片的摄影者邓炜煌、何发清、何华文、何冠明、黄文伟、黄家端、黄桂芬、卢伊琳、李耀光、罗劲松、林启波、林仲权、梁颂生、梁宇、廖祖平、马红专、马彪、麦大刚、莫立强、农如松、区用诚、彭寰、唐广生、唐恕、王滋创、韦伟海、熊桂余、周军、周家志、郑智敏。

梁金荣

2021 年 6 月